D1730342

Chantal Labeste

Confiance en soi en 21 jours

La MÉTHODE de développement personnel pour avoir confiance en soi, savoir s'affirmer et redorer l'estime de soi !

Droits d'auteur

L'ouvrage "Confiance en soi en 21 jours" a été écrit par Chantal Labeste. Les informations et les exercices fournis dans ce livre visent à donner des recommandations générales pour optimiser votre vie. Chaque individu a ses propres besoins et ses problématiques spécifiques. Ce livre ne prend en compte aucun objectif, situation ou obligation personnelle.

Toutes les informations contenues dans ce support (textes, visuels, schémas, logos, exercices, trainings) sont créées par Chantal Labeste, chantallabeste.com, sont protégées par le droit d'auteur et strictement réservées à l'usage privé du client.

Toute reproduction, traduction, représentation, adaptation, transformation ou diffusion, au profit de tiers, à titre gratuit ou onéreux, intégrale ou partielle, par quelque moyen que ce soit, tant électronique que mécanique, notamment par photocopie ou microfilm, de la présente publication, est strictement interdite et constitue une contrefaçon par la loi.
Les droits à la propriété intellectuelle sur les supports contenus dans l'ouvrage appartiennent ou sont exploités sous la licence de Chantal labeste.
Aucun droit à la propriété intellectuelle ou autres droits concernés dans les informations et supports utilisés dans l'ouvrage ne sont transférés à quiconque acquiert ou fait usage de l'ouvrage.

Chantal Labeste ne saurait être tenue responsable d'éventuels problèmes survenus en cas de mauvais usage de cet ouvrage. Chantal Labeste n'assume aucune responsabilité pour tout dommage lié à l'information ou le contenu de l'ouvrage. Si vous utilisez ou si vous vous appuyez sur des informations de l'ouvrage, il vous revient la responsabilité de vous assurer par une vérification indépendante, de son actualité, de son exhaustivité, de sa fiabilité et de sa pertinence pour vos affaires personnelles et individuelles.

Correctrice : Anna
anna.correctrice@gmail.com

Rédactrice web : Jen
contact@virtuelleetdigitale.com

Secrétaire en ligne : Caro
www.bc-secretariat-06.fr

Publicité : Stan
www.les-nouveaux-scribes.fr

Soutien : Evelyne
Instagram : ma.petite.biblio

Soutien : Faty
www.lacultureonline.fr

SOMMAIRE

Semaine 1 : Introspection

Les clés de la confiance en soi

Jour 01	Évaluer son capital confiance	12
Jour 02	La preuve que tout est possible	17
Jour 03	Les bases de la confiance en soi	25
Jour 04	Partir à la découverte de soi	32
Jour 05	Sublimer son trésor intérieur	38
Jour 06	Consolider ses connaissances	47
Jour 07	Votre journal de coaching	53

Semaine 2 : Évolution

Dépasser ses blocages

Jour 08	Se détacher du regard des autres	59
Jour 09	Se libérer du complexe d'infériorité	67
Jour 10	Surmonter sa timidité	75
Jour 11	Apprendre à dominer ses peurs	83
Jour 12	Savoir relativiser ses échecs	90
Jour 13	Avancer étape par étape	96
Jour 14	Votre journal de coaching	102

Semaine 3 : Mindset

L'état d'esprit de la confiance

Jour 15	Développer sa force mentale	108
Jour 16	Apprendre à s'affirmer	115
Jour 17	Langage corporel et image de soi	121
Jour 18	Apprivoiser son stress	128
Jour 19	Apprendre à viser l'excellence	134
Jour 20	Confiant le restant de sa vie	141
Jour 21	Votre journal de coaching	147

Pourquoi ce livre est fait pour vous

Même si nous ne nous connaissons pas encore, je sais que nous partageons un point commun, nous souhaitons plus que tout au monde vivre une vie meilleure et **nous avons le désir ardent de nous améliorer** ! Comment puis-je le savoir ? Vous tenez ce livre entre vos mains. Cela signifie que vous êtes prêt à investir du temps et de l'énergie pour devenir la personne **confiante** que vous avez toujours rêvée d'être. Bravo ! En prenant cette **décision capitale**, vous vous donnez les moyens de vos ambitions !

En tant que coach, ma principale mission est d'aider les gens à reprendre le plus rapidement possible confiance en eux afin qu'ils puissent **s'épanouir et réussir** dans tous les domaines de leur vie. Car la confiance en soi est **au cœur de tous les succès**. Elle permet de **colorer chacune de nos expériences**, décuple notre énergie vitale et nous permet de **devenir inarrêtable**.

La méthode que je vous propose dans ce livre est le fruit de **plus de 15 années de coaching sur le thème de la confiance en soi**.
J'ai eu le privilège au cours de ma carrière, mais également lors de ma vie d'ancienne timide maladive, d'étudier les techniques, les stratégies, les secrets de ceux qui réussissent à relever tous leurs défis. Je vous propose de découvrir ces solutions pour atteindre **l'épanouissement, renforcer votre confiance** et **apprendre à vous affirmer** au quotidien. Nous allons nous concentrer sur ces **3 piliers** qui doivent devenir dès aujourd'hui, **VOTRE priorité**. Car si vous désirez vous libérer de vos peurs, de vos croyances et reprendre le contrôle de votre vie, **c'est le moment d'agir**.

Pendant votre lecture, je serai votre miroir, votre coach ou même une amie bienveillante qui vous guidera, pas à pas, dans votre métamorphose.
Pour puiser l'essence des enseignements proposés, je vous conseille de lire une séance par jour, pour recevoir **votre dose quotidienne de motivation** !

Que vous souhaitiez simplement rebooster votre confiance ou que vous désiriez passer un cap qui transformera toute votre existence, vous êtes au bon endroit avec la bonne coach.
Avec toute ma reconnaissance et mon affection.

Chantal

À propos de l'auteur

Je suis Chantal Labeste, coach de dirigeants et de sportifs de haut niveau, depuis plus de 15 ans. Diplômée d'HEC, je suis experte en **préparation mentale** et en **stratégie de réussite**.

Mon parcours de Responsable recrutement, DRH puis de Coach de dirigeants (Axa, TF1, Disney, Canal +, Lafarge, Nestlé, Pal Medical...) a placé **l'humain au coeur** de mes préoccupations.

À travers mes coachings, mes programmes en ligne, mes conférences, j'ai accompagné des milliers de personnes à **reprendre confiance** en elles et à retrouver enfin **le bonheur d'être soi**.

Grâce à l'écriture, je désire aujourd'hui transmettre au plus grand nombre toutes les techniques de coaching qui sont d'habitude réservées aux leaders.

De nombreux lecteurs de mon précédent livre **"Changer sa vie en 21 jours"** m'ont demandé des clés supplémentaires pour **propulser leur vie à un niveau supérieur**.

Je vous livre ici **une méthode éprouvée** pour dépasser vos blocages et développer une véritable confiance en vous.

Les séances de coaching proposées vont vous permettre de cultiver **un mental d'acier**, l'unique **secret** pour **réussir votre vie** !

Vous pouvez dès à présent suivre mes conseils, mes articles et mes programmes sur **www.chantallabeste.com**

Je vous invite également à consulter ma bio complète, pour avoir plus de détails sur mon parcours professionnel.

N'hésitez pas à me rejoindre sur les réseaux sociaux pour échanger avec moi et booster votre motivation.

Vous pouvez me retrouver sur **Linkedin**, **Instagram** (chantallabeste), **Pinterest** ou **Facebook**.

Je vous souhaite une belle aventure et un excellent coaching !

Accueillir la confiance dans votre vie

Avez-vous parfois le sentiment de ne pas vous sentir à la hauteur, de vous dévaloriser ou de vous sentir jugé en permanence ?

Votre manque de confiance pollue votre quotidien. Vous vous sentez **submergé par vos peurs** qui vous empêchent de vivre pleinement selon vos aspirations profondes.

Quoi que vous fassiez, vous avez la désagréable sensation **de ne pas être à votre place**.

Vous êtes sensible aux **regards des autres** et **vous vous effondrez à la moindre critique**.

Vous ne dormez pas la veille d'un examen ou d'un RDV important car vous avez **peur de l'échec**.

Votre manque d'assurance affecte également votre vie privée. Vous n'osez pas dire "non" aux sollicitations de vos proches par **peur d'être rejeté ou pire, de ne plus être aimé**. Vous êtes la proie de manipulateurs en tout genre, qui abusent de votre gentillesse. Certains d'entre vous, s'enferment même dans des relations toxiques, sans savoir comment s'en libérer.

C'est un peu, comme si, vous vous retrouviez piégé dans **des sables mouvants**. **Plus vous vous démenez pour en sortir et plus vous vous enfoncez**.

Votre manque de confiance en vous est devenu **un véritable frein à votre bien-être**. Au fil des expériences négatives, vous ne parvenez plus à faire **rayonner votre lumière intérieure**.

Et si je vous disais que ce que vous traversez et ressentez, à cet instant précis, n'est pas une fatalité ?

Votre inconfort émotionnel est juste un **signal d'alarme**, qui vous indique que vous devez modifier votre fréquence. **Vous avez le pouvoir** de changer les choses et de devenir une personne confiante et affirmée.

Et si j'en ai la certitude aujourd'hui, c'est que **j'ai été à votre place pendant de très longues années**. Contrairement aux apparences, la vie ne m'a pas distribué toutes les cartes "chance" à ma naissance.

J'ai vécu absolument **TOUTES les situations** que je viens de vous décrire.

J'ai souffert d'un manque de confiance en moi chronique. J'ai été victime de cruauté à l'école et j'ai même plongé la tête la première dans des relations toxiques... (*Je vous donne RDV à la séance 2 pour en savoir plus).* Mais à présent, je peux affirmer haut et fort que je suis LIBRE.

Je suis animée par **une féroce confiance en moi**. Je suis capable de relever chaque challenge de la vie avec une aisance qui ne cesse de m'étonner.

La bonne nouvelle c'est qu'aujourd'hui, je vais vous transmettre toutes les clés pour **vous libérer de la prison mentale dans laquelle vous vous êtes enfermé**, comme je l'ai été.

Ce livre est bien plus qu'un guide, c'est **une véritable boite à outils**. Vous trouverez dans chaque séance : **des conseils**, **des schémas**, **des témoignages** mais aussi **des exercices guidés** pour passer à l'action.

J'ai appliqué, testé, challengé chacune des pratiques et des stratégies que je vais vous révéler. Tous ces enseignements sont à l'origine de ma transformation et de mon bien-être intérieur.

Ils m'ont offert un **pouvoir** extraordinaire. Je sais aujourd'hui, que je dispose de **2 ressources indispensables** pour **me relever** de n'importe quelle situation : **le mindset** (un mental de champion) et **la confiance** (un moteur pour avancer).

En expérimentant les conseils et surtout en mettant en pratique les exercices proposés, vous développerez à votre tour **une confiance illimitée**. Vous apprendrez à vous affirmer et oserez enfin dire NON à vos collègues ou à votre chef. Vous serez capable d'**affronter** vos problèmes et aurez la force de **rebondir** après chaque difficulté. Mais surtout, vous allez apprendre à **dompter vos peurs et n'aurez plus jamais honte de vous** !

Je désire plus que tout au monde, vous démontrer à travers ce livre que si j'ai pu reprendre confiance en moi et réussir à me transformer, **vous le pouvez aussi**. Si vous lisez en ce moment même mes mots, c'est que vous avez envie de briser vos chaines et de vous montrer au monde sous votre meilleur jour... Et cela me réjouit !

Ce qui est fabuleux, c'est que comme toute **aptitude**, **la confiance peut s'acquérir**. Tout comme vous avez appris à conduire ou à jouer du piano.

Avant de poursuivre, permettez-moi de vous poser une question que j'aborde souvent, lors de mes séances de coaching : "Comment vous comporteriez-vous, s'il ne vous restait que quelques mois à vivre ?"

Je constate que la majorité de mes clients, laisseraient derrière eux tous leurs complexes, pour vivre intensément.

Ils **oseraient** enfin vivre de nouvelles expériences et ne se préoccuperaient plus de ce que l'on pense d'eux... Ils seraient libres d'être eux-même, tout simplement.

Je vais vous demander de réfléchir sérieusement à cette question... Méditez, s'il le faut toute la nuit et reprenez ce livre demain matin, avec **la rage de vivre selon vos propres règles du jeu**.
Car ne l'oubliez jamais : "Vous méritez une vie **extra-ordinaire**.
Ne donnez jamais, à personne, **le pouvoir** de la contrôler !"

Accordez-moi également une petite faveur : enlevez tous vos artifices, débarrassez-vous de toutes vos étiquettes et cultivez dès aujourd'hui **la constance**. Car, si vous désirez booster votre confiance, vous devez vous concentrer **sur ce SEUL objectif**, dans les jours à venir.

Je vois trop souvent des personnes qui **jouent au yoyo avec leur vie**. Alors qu'elles décident, par exemple, de perdre du poids, elles s'autorisent des petits écarts, tous les jours. Or, si vous vous fixez un objectif qui vous tient à cœur, ne pensez-vous pas, qu'il faut mettre toutes les chances de votre côté et **passer pleinement à l'action ?**
Ne faites pas de demi-mesure. Pour obtenir des résultats, seuls des efforts réguliers vous permettront d'aller décrocher les étoiles.

J'aimerais vous transmettre une phrase qui guide mes pas au quotidien : "L'espoir n'est pas une **stratégie**, la chance n'est pas une **option** et l'échec n'est pas une **fatalité**. Seule **la confiance en soi** est le gage du **succès**."

Vous êtes une personne exceptionnelle et nous allons ensemble, mettre en lumière **votre super-puissance**. Vous avez en vous des talents, des traits de personnalité, des dons uniques que vous seul, pouvez exploiter.
Il est donc temps d'**éclore** et de montrer au monde **votre magnificence**.
Je ne vous cache pas, que ce programme, va vous demander une grande dose de courage. Vous allez devoir casser la carapace qui vous protège du monde extérieur et vous confronter à la réalité. Sachez que la seule manière d'atteindre un niveau de confiance optimal est d'aller **affronter vos peurs**, **jusqu'à ce qu'elles s'évanouissent**... Mais, vous ne serez pas seul. Je serai là pour vous motiver et vous guider à travers mes enseignements.
Pendant que vous lisez ces mots, réjouissez-vous, car vous faites partie de ceux qui croient suffisamment en eux, pour savoir qu'**une grande vie n'est rien d'autre qu'une question de grandes décisions**.

Comment suivre ce programme ?

Chaque jour, vous découvrez une séance de coaching avec une **connaissance théorique** *(mise en lumière par des conseils, des schémas, des témoignages)* et un **exercice guidé** *(pour **mettre en pratique**, facilement et à votre rythme, les thèmes abordés).*
*"**Le savoir est essentiel**, mais l'entrainement est capital."*

Je vous conseille de suivre l'enchaînement des séances, car le programme a été développé pour **vous faire progresser par paliers**. Il est donc préférable de lire ce livre dans son intégralité, puis d'approfondir certains concepts dans dans un second temps.

Pour répartir et assimiler les connaissances de ce coaching, je vous propose chaque semaine, 2 journées consacrées : à la consolidation *(bilan de la semaine)* et à l'analyse *(tenue d'un journal de bord).*

Nous allons avancer pas à pas, à travers une méthode qui a fait ses preuves auprès de mes clients et qui est aujourd'hui entre vos mains.
Elle se décompose en 3 étapes. La première est placée sous le signe de l'**Instrospection**. Pendant la première semaine, vous partirez à la découverte de vous-même et poserez les fondations de votre **confiance**.

Durant la semaine deux, je vais vous encourager à sortir de votre zone de confort. Cette étape que je nomme **Évolution** est la clef de tout changement. Vous découvrirez **des solutions concrètes** pour vous détacher du regard des autres, vous libérer du complexe d'infériorité et briser vos chaines.

Vous ressentirez rapidement les bienfaits du programme mais pour **vous sentir pleinement confiant**, nous allons travailler au cours de la troisième semaine, sur **votre mindset** : **votre état d'esprit**. Nous aborderons alors la phase **Action**. Vous allez apprendre à vous affirmer et renforcer votre mental.

Après ces 21 jours ?

La fin de ce programme marquera le début de votre nouvelle vie. À l'issue des 3 semaines que nous allons passer ensemble, vous disposerez de l'outil le plus précieux au monde : **La confiance en soi**. Vous vous sentirez prêt à faire face à de nombreuses situations qui vous paraissent aujourd'hui, insurmontables ! Bien sûr, votre travail ne s'arrêtera pas là.
Ce sera le moment d'approfondir certaines séances et de finaliser les exercices que vous aurez survolés.

Les clés
de la confiance

— ÉTAPE 1 : INTROSPECTION —

Evaluer son capital confiance

La confiance en soi est **vitale** dans tous les aspects de notre vie. Elle est **le moteur de notre réussite** personnelle et professionnelle. Une personne confiante se sent capable de relever chaque défi, avec engouement. Elle est portée par une force intérieure qui ne cesse de grandir. Elle se fixe des objectifs, avec la certitude de récolter le fruit de ses efforts. Elle a appris à se valoriser et quelles que soient ses imperfections ou ce que les autres peuvent penser, elle avance la tête haute, en veillant à ne jamais faire tomber la couronne qu'elle porte fièrement sur sa tête !

Bien sûr, être confiant ne signifie pas devenir **invincible** et savoir parfaitement affronter toutes les difficultés, mais cela permet, néanmoins, de **se sentir plus fort** et résistant face à l'adversité.

Une personne confiante est capable de mettre ses doutes et ses peurs de côté. Elle ne se laisse pas facilement décourager et envisage l'échec comme une source d'apprentissage et non comme un frein à son évolution.

Lors de mes séminaires, on me demande souvent quel est **le secret** pour être pleinement confiant. Ma réponse, en tant que coach, ne va certainement pas vous surprendre : "**Il n'y a pas de secret, mais une méthode**. Il faut identifier vos points de blocages, comprendre leurs origines et reprogrammer votre mental !"

Commençons sans plus tarder par faire le point sur votre situation de départ. Vous pourrez mesurer vos progrès, à la fin de cet ouvrage !

> ""
> LA CONFIANCE EN SOI
> **EST LE PREMIER**
> SECRET
> **DU SUCCÈS !**
>
> RALPH EMERSON

10 QUESTIONS
Essentielles

Pour faire l'état des lieux de votre "Capital confiance", répondez à ces 10 questions, puis reportez vos résultats dans le tableau de la page suivante.

Votre supérieur vous fait des éloges sur votre travail.

◆ Vous les acceptez, vous les méritez.

★ Vous rougissez et êtes mal à l'aise.

▲ Vous vous dites qu'il doit se tromper de personne.

Des collègues se disputent devant vous.

◆ Vous intervenez et prenez partie.

★ Vous choisissez de rester neutre.

▲ Vous préférez partir car vous détestez le conflit.

On vous propose une promotion après 5 ans au même poste.

◆ Vous acceptez avec plaisir.

★ Vous doutez et voulez réfléchir.

▲ Vous refusez car vous pensez ne pas être à la hauteur.

Une amie vous demande un service au mauvais moment.

◆ Vous lui dites non, elle comprendra.

★ Vous avez du mal à lui proposer une autre option.

▲ Vous acceptez par peur qu'elle ne vous aime plus ou se fâche si vous refusez.

Vous êtes convoqué pour votre entretien annuel d'évaluation :

◆ Vous demandez une augmentation.

★ Vous allez dans le sens de votre chef.

▲ Vous n'en dormez pas la veille.

Au restaurant, le serveur a commis une erreur sur la note.

◆ Vous lui signalez gentiment.

★ Vous sollicitez l'aide de votre ami(e).

▲ Vous payez et ne dites rien.

Quand un obstacle montre le bout de son nez.

◆ Vous y faites face. Cela vous stimule.

★ Vous préférez l'éviter et attendez.

▲ Vous paniquez et êtes découragé.

Quand vous voyez votre reflet dans le miroir, vous vous dites :

◆ Je suis au top et épanoui.

★ J'ai besoin de reprendre le sport.

▲ Rien ne va plus, le bateau coule.

Si vous deviez choisir parmi ces propositions :

◆ Je vois toujours le verre à moitié plein.

★ Je vois souvent le verre à moitié vide.

▲ Je me noie dans un verre d'eau.

Vous êtes invité à une soirée où vous ne connaissez personne :

◆ Vous engagez la conversation.

★ Vous restez seul dans un coin.

▲ Vous n'y allez pas, vous ne vous en sentez pas capable.

REPORTEZ VOS RÉSULTATS

◆　　　　　★　　　　　▲

Vous avez une majorité de ◆ : *Capitalisez sur vos forces !*

Vous avez confiance en vous ! Je vous félicite. Mais puisque vous êtes en train de lire ce guide, c'est certainement parce que vous désirez accroître votre assurance, dans certains domaines de votre vie.

Je vous invite à poursuivre votre lecture, pour consolider votre capital actuel et découvrir des clés qui vous seront utiles dans de nouvelles situations.

Pour information, je suis comme vous, car aujourd'hui, même si j'estime disposer d'une forte confiance en moi, je continue d'enrichir mes connaissances en lisant tous les livres de développement personnel sur le sujet.

Vous avez une majorité de ★ : *Poursuivez dans cette direction !*

Aujourd'hui, même si vous avez progressé, vous manquez encore d'assurance. Ce livre va vous apporter les connaissances nécessaires pour accroître votre confiance et redorer votre estime. Vous allez partir à la découverte de vous-même pour enfin accepter votre différence et arrêter de vivre à travers le regard des autres...

En travaillant sur vos émotions, vous allez OSER agir et enfin vous affirmer.

Vous avez une majorité de ▲ : *Gardez le cap et soyez déterminé !*

Vous souffrez d'un manque de confiance en vous, c'est un fait, mais nous allons travailler ensemble pour vous faire évoluer. Si vous avez acheté ce livre, c'est que vous avez conscience que vous manquez de confiance. C'est le point de départ de tout changement. Je vous invite à réaliser tous les exercices proposés en envisageant chaque challenge comme **un jeu**. Gardez à l'esprit que vous n'avez rien à perdre, seulement des choses à expérimenter... Tout le monde peut devenir confiant en travaillant et en s'exerçant. Et vous le pouvez VOUS aussi !

Quels que soient les résultats de votre test, j'aimerais vous rassurer. Votre situation actuelle n'est qu'**une photographie de l'instant présent**. Si vous souffrez d'un manque de confiance, ne vous inquiétez pas, cette situation **n'est pas définitive** mais **évolutive**.

Je souhaite briser le mythe selon lequel, la confiance en soi, est une aptitude dont on dispose ou non, à la naissance. Quelle aberration !

La confiance en soi est **une compétence**, qui se développe comme n'importe quelle autre compétence, par **une pratique répétitive et intentionnelle**.

Vous pouvez **muscler** votre confiance comme vous pouvez le faire avec n'importe lequel de vos muscles. Quand vous vous inscrivez dans une salle de sport, vous vous fixez **des objectifs**, vous suivez **un entraînement régulier** et vous modifiez **vos habitudes** pour obtenir les résultats escomptés. Pour renforcer votre confiance en vous, vous allez simplement procéder de la même manière !

Comme pour le sport, votre réussite, ne dépend que de vous.

Seuls, une réelle **motivation**, une **pratique régulière** et des **efforts constants**, vous permettront d'atteindre les objectifs que vous vous êtes fixés, pour mener la vie de vos rêves.

SECRET DE RÉUSSITE N°1

Faites rejaillir **le trésor** qui sommeille en vous.
Il est temps de **briller de mille feux**.

Je ne vous cache pas que comme pour tout entrainement, vous ressentirez des "courbatures" les premiers jours. Dans notre cas, il s'agira plutôt de sentiments d'inconfort. Mais voyez cela, comme **le signal de votre progression**.

Bien sûr, mon objectif n'est pas de vous faire passer d'un extrême à l'autre. Je désire juste que vous appreniez à obtenir ce que vous désirez vraiment, quitte à vous bousculer un peu et à déranger votre entourage.

Soyez conquérant dans votre démarche et n'oubliez pas que vous êtes là pour vous dépasser... Vous le savez : "Qui peut le plus, peut le moins". Alors quelle que soit la difficulté, investissez-vous au maximum.

Pour vous motiver, vous pouvez vous répéter chaque matin, cette citation de Thomas Fuller : "**Tout est difficile avant de devenir facile**".

Mon rêve éveillé

Pour notre premier exercice, je vous propose de vous mettre dans la peau de la personne que vous avez toujours rêvée d'être.

"Imaginez-vous à l'aube de vos 80 ans, en train de regarder tout le magnifique chemin que vous avez parcouru. Vous avez vécu une vie heureuse et n'avez aucun regret.

Vous avez acquis une incroyable confiance en vous. Vous avez réalisé tous vos rêves, développé toutes les compétences nécessaires pour devenir la meilleure version de vous-même".

L'objectif est de laisser libre court à votre imagination pour visualiser votre vie "idéale". Notez toutes les idées qui vous passent par la tête, en gardant à l'esprit que vous n'avez aucune limite et aucun complexe...

Si vous êtes en panne d'inspiration, suivez le guide et répondez aux questions suivantes. *Imaginez une vie où vous avez pu ÊTRE, AVOIR et FAIRE tout ce que vous vouliez.*

1. À quoi ressemblait votre quotidien ? Qu'est-ce qui vous a rendu le plus heureux ?
2. Quel métier exerciez-vous ? Étiez-vous salarié, à votre compte ?
3. Comment était votre maison ?
4. À quoi consacriez-vous la majorité de votre temps ?
5. Quelles étaient les personnes les plus importantes de votre vie ?
6. Où partiez-vous en vacances ?
7. Qu'avez-vous accompli de sensationnel ?
8. Qu'avez-vous réussi ? Notez vos plus grands succès dans tous les domaines de votre vie (famille, loisir, argent, travail...).
9. Qu'avez-vous laissé derrière vous ?
10. Comment vous sentiez-vous la plupart du temps ?
11. Aviez-vous pleinement confiance en vous ?

Et si je vous disais que vous pouvez **faire de ce rêve, votre réalité** !
Si vous saviez que vous pouviez **absolument tout réussir**, quels changements effectueriez-vous dès aujourd'hui ? Quelles compétences développeriez-vous ? De quelles peurs vous débarrasseriez-vous en un claquement de doigts ? Quelles croyances abandonneriez-vous ? Quels risques prendriez-vous dans les prochaines minutes ? À méditer !

La preuve que tout est possible

Un jour, alors que j'animais une conférence sur le bien-être au travail, une de mes copines d'école que je n'avais pas vue depuis plus de 20 ans, vient à ma rencontre. J'étais tellement heureuse de la revoir après toutes ces années !
Ses premières paroles me font encore sourire aujourd'hui :
"Mais Chantal, c'est impossible, toi qui étais si fragile, comment peux-tu animer des conférences aujourd'hui ?"
Je comprenais sa surprise. Quand je retrace mon parcours, je réalise toutes les étapes que j'ai franchies.

Je n'ai pas pour habitude de raconter ma vie mais pour vous aujourd'hui, je vais me prêter à cet exercice de style. Pourquoi ? Parce que je suis **la preuve vivante** que l'on peut transformer "un petit oisillon chétif" en "un magnifique aigle royal" qui survole la vie avec **une confiance sans limite**.

À travers mon histoire, je vais illustrer les 5 phases d'une **métamorphose**.

Phase 1 : Tout se joue dès l'enfance

La confiance en soi prend sa source dès le plus jeune âge. Notre entourage à savoir notre famille, nos proches, nos professeurs vont constituer **le socle** de notre confiance en nous. Ils vont nous servir de **références** et de **modèles**. Nous allons nous inspirer d'eux pour construire les fondations de notre personnalité.

Le comportement de nos proches va avoir **un impact** sur toute notre vie. Si nous sommes valorisés, complimentés, encouragés pendant notre enfance, nous disposerons d'un **terrain fertile** pour laisser croître notre confiance. Nous tirerons des enseignements de nos erreurs car nos proches nous apporterons la **guidance** nécessaire, pour nous faire progresser. Nous développerons ainsi, un fort **sentiment de sécurité**.

À contrario, si nous évoluons dans un environnement critique, moqueur ou instable, nous allons nous nourrir de cette insécurité et **devenir vulnérable**. Les paroles : "Tu ne pourras jamais réussir. Tu n'es qu'un bon à rien" etc, **réduiront à zéro** notre estime de nous-même.

Chaque expérience négative deviendra alors le siège d'émotions destructrices, qui nous feront progressivement perdre confiance en nous.

Un chaperon rouge
des temps modernes

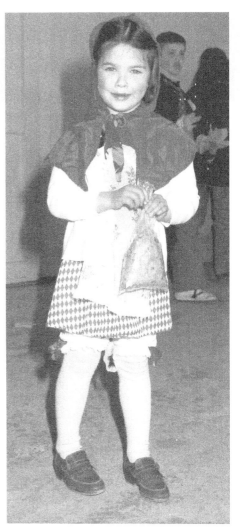

Bien sûr, aucune trajectoire ne se ressemble. Nous sommes tous différents et nos parcours sont parfois très éloignés, mais je suis certaine que beaucoup d'entre vous vont se reconnaître dans mon histoire ou plutôt celle d'un petit **chaperon rouge** "des temps modernes".

Car oui, la petite fille sur la photo, c'est moi. Quand on me regarde, on m'imagine heureuse, et pourtant **un séisme émotionnel** bouleverse mon quotidien. À l'âge de 7 ans, j'ai déjà vécu des traumatismes et je présente de nombreux troubles du langage. Le plus handicapant est mon zozotement. Vous n'imaginez pas les humiliations et les moqueries que je subies chaque jour, par mes camarades de classe. Ma naïveté, comme celle du chaperon rouge, fait de moi, **la proie** de nombreux loups. Je me laisse "croquer" sans oser me défendre.

Tant et si bien que je n'ose plus parler. Mon mutisme progresse peu à peu et je passe mon temps à m'effacer. Dans ma famille, tout le monde me recommande de ne jamais faire de vagues : "Il faut faire le dos rond et ne pas protester". Mais cela m'affecte au plus haut point. Incapable de me défendre, je traverse **un tourbillon d'émotions** et me sens **inférieure aux autres** dans de nombreuses situations. Pour tout vous dire, à cette époque je pensais n'avoir **aucune valeur**. Je souffrais d'un énorme complexe d'infériorité. Il me paraissait donc normal qu'on se moque de moi, à cause de ma différence. J'endossais sans m'en rendre compte, le rôle de victime...

Le problème, c'est qu'au fil du temps, ce manque de confiance a affecté ma santé mentale et physique : j'ai enchaîné des crises d'angoisse à répétition, des épisodes de stress chronique, jusqu'à m'exclure du monde et souffrir de phobie sociale. Les séances avec l'orthophoniste n'ont pas suffi à redorer **mon regard sur moi**, car l'adolescence a pointé le bout de son nez.

Phase 2 : Nos complexes nous paralysent

L'adolescence est propice aux questionnements, aux doutes. Nous nous comparons aux autres pour **nous forger une opinion sur nous-même**, **nous évaluer physiquement, psychiquement et intellectuellement**.

Notre confiance en nous va être mise à mal pendant toute cette période de construction et de croissance. Aussi, si notre environnement se montre bienveillant et que nous nous sentons dans la "norme", nos premiers complexes peuvent se dissiper. À l'inverse, si nous souffrons d'un handicap physique, intellectuel ou verbal comme le mien, tout peut alors basculer.

Nos émotions peuvent prendre le contrôle de notre vie. Chaque critique peut devenir une croyance limitante et nos défauts peuvent se transformer en complexes. Notre confiance va ainsi se détériorer et nous aurons du mal à voir les choses avec clarté et discernement. Nous aurons tendance à **nous auto-saboter**.

Pour illustrer mon propos voici la suite de l'histoire du petit chaperon rouge :

Pendant toute mon adolescence, j'ai été dévorée par mon complexe ultime : ma maigreur !

Je subissais tellement de moqueries que j'ai fini par **en faire une obsession**. Je portais des tenues XXL, alors que j'étais un format "poids plume".

Je m'inventais des tonnes d'excuses pour ne pas aller à la plage avec mes amies, car je ne supportais plus que l'on me regarde avec dégout !

À l'âge de 16 ans, j'ai reçu le coup de grâce. Mon oncle m'a dit : "Si tu restes aussi maigrichonne, aucun homme ne voudra t'épouser."

Ces mots ont eu **l'effet d'une bombe**. Ils ont fait exploser en mille morceaux le peu d'estime qu'il me restait. Cela peut vous paraître ridicule mais je n'en dormais plus la nuit. Et le jour, je me torturais devant le miroir, en m'infligeant des **paroles auto-destructrices**. Je suis certaine que ceux d'entre vous qui ont vécu des situations similaires, peuvent me comprendre.

Le pire, c'est qu'en essayant de **maquiller mes défauts**, je montrais ma vulnérabilité et mes failles "aux grands méchants loups" !

Bien sûr, je pouvais compter sur le soutien indéfectible de mon entourage mais aucune parole n'avait le pouvoir de me consoler. Ma confiance en moi était brisée. C'était une certitude : *"Je finirais vieille fille entourée de mes chats !"*

J'ai développé de nombreuses croyances limitantes qui ont eu raison de moi et qui ont fait de ma vie un véritable cauchemar. Il faut savoir qu'**une seule croyance négative a le pouvoir d'anéantir toute une vie**.

Un jour pourtant, alors que je pleurais toutes les larmes de mon corps, je me suis posée une question qui m'a profondément bouleversée : "Pourquoi est-ce que je vis, si c'est pour souffrir autant ?" J'étais vivante certes, mais une partie de moi était déjà éteinte.

Je passais la plupart de mon temps à **trouver des stratagèmes pour me cacher** dans un trou de souris. Au lieu de savourer mon existence, je dépensais tout mon temps et mon énergie à **éviter des situations** qui très souvent, n'existaient que dans mon esprit !

Je suis allée me réfugier, comme à mon habitude, chez ma grand mère Jackie. *Pour ceux qui ont lu mon précédent livre "**Changer sa vie en 21 jours**", vous savez à quel point elle était chère à mon cœur.* Me voyant effondrée, elle a séché mes larmes et m'a demandé : "Quel est ton vœu le plus cher ?"

Et là, stupeur, je réalise que je suis incapable de lui répondre ! J'ai pris conscience que **je ne m'autorisais même plus à rêver**. Mon manque de confiance me submergeait au point, de ne plus avoir de projets, ni d'envies.

Cet électrochoc s'est révélé être l'une des meilleures choses qui me soit arrivée. Ce jour là, je me suis fait la promesse que c'était le dernier jour où j'allais **me priver de vivre** à cause de mes complexes. Je décidais de **reprendre le pouvoir** et de me détacher du **regard des autres** *(cf séance 8)*. Je mettais fin à 20 ans d'**auto-destruction et de victimisation** !

Phase 3 : Le déclic nécessaire

Très souvent, nous avons tendance à nous identifier à nos expériences négatives, mais **c'est une erreur de croire qu'elles nous définissent**.

Si vous êtes divorcée, cela ne signifie pas que vous étiez une mauvaise épouse mais que vous n'étiez pas avec la bonne personne.

Si vous n'arrivez pas à demander une promotion ou à atteindre vos objectifs ce trimestre, cela ne fait pas de vous un mauvais employé. Vous comprenez ? Le problème, c'est qu'en réagissant de la sorte, nous dégradons notre propre image. Nous finissons par nous dévaloriser, puis par **nous détester**.

À ce stade**, vous avez le choix**. Soit vous continuez à **vous apitoyer** sur votre sort et vous restez dans une **position de victime** pour le restant de votre vie, soit vous décidez **d'utiliser vos blessures** comme **moteur de votre transformation**.

Nous sommes tous porteurs de **traumatismes** plus ou moins **indélébiles**, mais l'enjeu ici, est de laisser place à un nouveau paradigme qui ne sera pas axé sur **le manque ou la souffrance** mais sur **la puissance et l'évolution**.

Pour que cela se produise, vous devez avoir **un déclic**. Bien souvent, nous avons besoin d'atteindre un point de non retour, pour pouvoir dire STOP !

C'est précisément ce que j'ai fait. J'ai dit : "**Stop**". J'ai pris un engagement envers moi-même : J'allais me battre pour m'imposer au monde avec mes défauts. Il était hors de question que je me laisse faire un jour de plus. Je décidais de croire en MOI, de me révéler. J'étais animée par une fureur de vivre, de vaincre mes peurs et surtout de **réécrire mon destin**.

Je ne vous cache pas que cette bataille n'a pas été des plus faciles, mais c'est la plus belle que j'ai remportée de ma vie. J'ai commencé par arrêter de me plaindre, ou plutôt de **me torturer** et j'ai pris mes responsabilités. Car si la situation était si catastrophique, c'était en partie de **ma faute**. J'avais laissé le problème perdurer, sans chercher de solutions.
N'oubliez jamais qu'il existe toujours une solution !
Si je devais ne retenir qu'une chose de cette expérience, c'est que même si je ne pouvais pas changer mon passé, j'avais **le pouvoir de le guérir**.

Phase 4 : Guérir du passé

À travers nos expériences positives et négatives, notre passé fait de nous la personne que nous sommes aujourd'hui. Cependant, nous n'avons pas conscience qu'il constitue un **véritable trésor**. Nous préférons souvent l'enterrer pour oublier nos souffrances mais si je vous disais qu'il peut, au contraire, faire ressortir ce qu'il y a de plus merveilleux en vous !

Pour ce faire, vous devez tirer des leçons de vos expériences, accepter vos erreurs et soigner vos blessures *(avec amour et bienveillance)*. Cette étape est **vitale**, pour pouvoir reprendre confiance en vous, retrouver l'harmonie et vous sentir enfin au top.

Le seul secret que je connaisse pour y arriver est le pardon. Pardonnez à vos parents, s'ils vous ont fait souffrir. Pardonnez à vos copains d'enfance d'avoir été si cruels. *Parfois pendant notre jeunesse, nous n'avons pas conscience du poids des mots et de leurs répercussions.* Pardonnez à vos ex, vos patrons, bref à toutes les personnes qui vous ont blessées, car vous ne pourrez pas avancer en gardant cette **rancoeur** en vous.

Mais n'oubliez pas aussi, de vous pardonner, car vous vous êtes infligés souvent inconsciemment, des tortures mentales en vous dévalorisant...

Il faut vous débarrasser de toutes les émotions négatives liées à la souffrance et à la culpabilité. Si vous désirez **faire pousser un arbre sain et vigoureux**, il est indispensable que ses racines soient dépourvues d'éléments **toxiques**. Il en est de même pour vous. Pour construire un futur plein de bonheurs et de promesses, vous devez faire en sorte de **purifier et guérir votre passé**.
Plusieurs exercices dans ce livre vont vous y aider !

Après avoir guéri mon passé, j'ai cherché des réponses dans les livres, auprès de mentors, jusqu'au jour où j'ai découvert **la puissance de la programmation mentale**.

Je me suis alors passionnée pour cette technique, qui nous permet de contrôler nos pensées et de renforcer notre confiance en nous. Cette découverte extraordinaire est devenue le socle de mon métier de coach.

SECRET DE RÉUSSITE N°2

C'est l'image que vous avez de vous-même qui crée votre réalité. Plus vous vous **aimez**, plus vous accédez au **Bonheur**.

La confiance fait aujourd'hui partie de **mon ADN**. J'ai compris comment capitaliser sur mes faiblesses et je tire de chaque échec, "**l'essence**" de mes futures réussites.

Mon expérience m'a prouvé que : "**L'impossible est toujours possible**".

Vous ne pouvez pas tout contrôler dans votre vie, mais vous pouvez décider de la suite de votre aventure. Et ça commence, dès aujourd'hui !

Phase 5 : La programmation mentale

Grâce au conditionnement de notre cerveau, nous pouvons absolument tout changer dans notre vie. Le travail consiste à vous défaire de tous vos conditionnements passés. Vous allez abandonner tout ce qui freine votre développement et le remplacer par de nouveaux automatismes, en ligne avec vos attentes. Cela vous permettra de mettre en lumière **votre génie intérieur** et par conséquent de vous sentir mieux dans votre peau. Nous aborderons ce thème central tout au long du programme, et particulièrement à la séance 15.

LES 6 ÉTAPES POUR
redorer votre confiance

Vous connaissez sûrement la citation d'Oscar Wilde : "**Il faut toujours viser la lune, car même en cas d'échec, on atterrit dans les étoiles**". Je vous propose justement d'embarquer dans "**la fusée de la confiance en soi**" et de gravir les **6 étapes** qui vous rapprocheront des étoiles. Vous n'êtes jamais monté dans une fusée, n'ayez crainte, je serai votre co-pilote ! Nous allons franchir ces différents objectifs, étape par étape, dans les prochaines séances.

Cultivez un mental d'acier
Mettez vos peurs en sourdine et concentrez-vous sur ce qui vous permet de progresser et de renforcer votre force mentale.

Arrêtez de vous comparer
Ne perdez plus votre temps avec les autres. Ils peuvent penser ce qu'ils veulent. Votre seule préoccupation doit être votre bien-être.

Brisez vos chaînes
Prenez le temps de vous libérer de tout ce qui vous empêche d'avancer et d'être libre.

Libérez votre potentiel
Le talent est un atout, une force que l'on exploite. Partez à la découverte de votre pouvoir intérieur.

Affirmez-vous
Ne soyez pas trop gentil. Exprimez vos idées et apprenez à dire "NON".

Cultivez le lâcher-prise
Personne n'est parfait. Embrassez vos défauts et posez un regard bienveillant sur vous-même.

Le géant et les fourmis

Dans mes séances de coaching, j'utilise souvent **des paraboles** pour permettre à mes clients de mieux comprendre **l'enjeu** des exercices. Pour commencer notre travail du jour, je vous propose de faire un tableau avec **3 colonnes**.

Prenez une grande inspiration et replongez dans votre passé.

1. Dans la première colonne, listez toutes les remarques, les critiques et les humiliations que vous avez subies depuis votre enfance.
2. Dans la deuxième colonne, précisez ce que vous avez ressenti à ce moment précis.
3. Enfin, dans la dernière colonne, notez comment cela a modifié votre comportement.

Une fois votre tableau complété, soufflez pour vous libérer des tensions et imaginez que **vous êtes un géant**. Vous vivez à présent dans un monde, où toutes les personnes qui vous ont fait souffrir sont des fourmis microscopiques. De votre hauteur, il vous est difficile d'entendre ce qu'elles tentent de vous dire. Vos oreilles perçoivent juste un léger "brouhaha".

Demandez-vous alors quelle aurait été votre réaction, face au bruit de ces "toutes petites fourmis" qui tentent de vous adresser un message ? **Vous ne leur auriez même pas prêté attention** ! Leur existence et leurs paroles n'auraient eu aucune influence dans votre vie.

C'est précisément ce que vous allez faire dans la deuxième partie de l'exercice. Reprenez la liste des critiques que vous avez reçues et pour chacune d'entre elles, notez la réaction que vous auriez eu en tant **que géant**. Enfin, imaginez votre vie, si vous étiez réellement ce géant. Qui seriez-vous ? Comment vous sentiriez-vous ? Quelle attitude auriez-vous ?

Vous l'avez compris, le géant est **un symbole d'invincibilité**.
À chaque fois que je me retrouve dans une situation délicate, je me fonds dans la peau de ce géant car il représente pour moi **la puissance** de mon **être intérieur**.
Avec la pratique, vous verrez qu'il est de plus en plus amusant d'**ignorer** les petites fourmis qui n'auront pour seul pouvoir, que de vous chatouiller les pieds !

Les bases de la confiance en soi

Avoir confiance en soi signifie **croire en son propre jugement,** en **ses capacités** et en **son potentiel.** Une personne confiante a conscience de sa valeur. Elle connaît ses forces et accepte ses faiblesses en toute objectivité. Au fil du temps, elle s'est forgée un **mental d'acier** qui lui permet de relativiser les critiques. Elle sait d'ailleurs, que **l'attitude des autres à son égard** est conditionnée par son **propre comportement.**

À l'inverse, une personne qui manque de confiance en soi est terrorisée par le regard des autres. Je dirais même qu'il **dicte sa vie.** Emprunte aux doutes, elle a tendance à se sentir inférieure, mal aimée, incomprise et est très sensible aux jugements. Même en présence d'inconnus *qu'elle ne reverra jamais,* elle n'ose pas se comporter comme elle le voudrait vraiment !

Pour avoir manqué de confiance la moitié de ma vie, je sais précisément les dégâts que cela peut provoquer au quotidien. D'autant plus, que la confiance **n'est pas un acquis.** Il faut perpétuellement se nourrir de nouvelles expériences positives pour la maintenir à **son apogée.**

Il est important de préciser, que la confiance **peut fluctuer** en fonction des situations. Nous pouvons nous sentir plein d'assurance dans certains domaines *(être à l'aise en public par exemple)* et en manquer cruellement dans d'autres *(comme perdre ses moyens en amour).*

La confiance en soi est **au coeur** de mon métier de coach depuis plus de 15 ans, c'est pourquoi je désire vous apporter des conseils éclairés sur ce thème, en vous livrant **le fruit de mon expérience sur le terrain.**

"

SI VOUS CROYEZ EN VOUS **QUAND** PERSONNE **D'AUTRE LE FAIT, VOUS AVEZ** DÉJÀ GAGNÉ **!**

VENUS WILLIAMS

Comment définir la confiance en soi ?

La confiance en soi se manifeste dans notre vie selon **4 dimensions** :

1. La dimension émotionnelle

Une personne confiante sait **contrôler ses émotions**. Loin d'être insensible, elle utilise ses sentiments comme **boussole interne**. Dès qu'elle ressent une émotion négative, elle s'interroge sur les raisons de son mal-être, sans s'y attarder trop longtemps. Elle utilise ses émotions comme **signal** pour trouver des solutions pragmatiques et passer à l'action. Ayant conscience qu'elle n'a pas de prise sur ce que pensent les autres, elle se concentre exclusivement sur **les facteurs** qu'elle peut maîtriser, à savoir : **ses pensées, ses émotions et ses actions**.

2. La dimension relationnelle

Les personnes confiantes sont à l'aise en public. Je dirais même, qu'elles ont besoin d'être entourées pour se sentir au top de leur forme. Dotées d'un charisme naturel, elles sont rarement impressionnées et communiquent avec aisance, avec n'importe quel interlocuteur. Lors d'une soirée ou d'un dîner, elles vont jouer le rôle d'**animateur**, de **modérateur** et d'**orateur**, tellement il leur est facile d'établir un contact avec autrui.

3. La dimension physiologique

L'attitude d'une personne confiante se décrypte par de nombreux aspects physiologiques : un port de tête altier, des épaules relevées, une gestuelle équilibrée, une voix présente, un sourire franc, une démarche assurée...

Sachez que **notre langage corporel,** à travers notre physiologie, représente **55% de notre communication**. Les gens avec lesquels nous échangeons, accordent **38% à l'intonation et à la variation de notre voix** et seulement **7% à notre discours**. Cette information est **précieuse** car si on fait le calcul, on prend conscience que **notre attitude globale représente 93% du message**. Cela peut expliquer pourquoi une personne qui manque de confiance s'avoue vaincue et n'ose pas prendre la parole ! *(Nous nous pencherons sur la communication non-verbale, lors de la séance 17).*

4. La dimension du Savoir

Avoir confiance, c'est avoir **la certitude** que l'on dispose d'un socle de **savoir-faire** (aptitudes, dons, compétences) et de **savoir-être** (attitudes, comportements) nous permettant de **réussir**, **avant même** d'avoir commencé à agir. Nous sommes en effet convaincus de détenir toutes les cartes nécessaires pour atteindre notre objectif et gagner la partie !

VOUS ÊTES AU COMMANDE
de votre confiance

Vous l'avez compris, j'adore illustrer mes propos avec des schémas, car je sais d'expérience, que nous retenons mieux les images que les mots. J'aimerais préciser que même si ces 4 dimensions interagissent entre elles, vous devez garder à l'esprit que VOUS êtes au commande de votre vie et que VOUS pouvez agir sur chacune d'entre elles.

ÉMOTIONNELLE

Une personne confiante sait maîtriser ses émotions. Elle arrive à appréhender et à dominer ses peurs. Elle a acquis une **stabilité émotionnelle**.

RELATIONNELLE

Elle se sent **à l'aise avec les autres,** dans toutes les situations. Elle va facilement engager la conversation et n'aura pas peur de prendre la parole en public.

PHYSIOLOGIQUE

Son attitude, sa manière de s'exprimer, sa gestuelle, l'intonation de sa voix reflètent **son niveau de sécurité intérieure**. Ce sont des indicateurs de confiance.

SAVOIR

Elle connait ses forces, ses dons et sait capitaliser sur chacun de ses savoirs **(savoir-faire, savoir-être, savoir-vivre)** pour réussir tout ce qu'elle entreprend.

LE CONSEIL
du jour

Prenez quelques instants pour vous demander où vous en êtes dans chacune de ces 4 dimensions.

Quelles sont les causes du manque de confiance en soi ?

Prenons l'exemple d'un enfant. À la naissance, il dispose d'un **immense capital "confiance"**. Il va tomber plus de 2000 fois avant de réussir à marcher, mais il ne lâchera rien avant d'atteindre son but. "**Et vous aujourd'hui, combien de fois essayez-vous** *de faire quelque chose*, **avant d'abandonner ?**" Je connais déjà votre réponse... Votre manque de confiance vous empêche fréquemment de fournir les efforts suffisants pour poursuivre vos objectifs ! Rassurez-vous, vous n'êtes pas seul... Des millions de personnes sont dans votre situation. Le manque de confiance dont vous souffrez aujourd'hui, s'est installé progressivement dans votre vie à travers différents facteurs :

1. L'héritage génétique

Une partie de ce qui façonne notre confiance est ancrée dans notre cerveau à la naissance. Des études scientifiques ont démontré que certains de nos comportements et traits de personnalité, déterminés par **notre code génétique**, agissent directement sur la sérotonine et l'ocytocine, les deux "hormones du bonheur". Nous ne sommes donc pas tous égaux. Des personnes disposant de certaines **combinaisons génétiques** auront tendance à avoir une meilleure estime d'elles-même et seront plus sociables que les autres etc..

2. Le conditionnement parental

Comme je l'ai évoqué dans mon histoire personnelle, l'influence de notre éducation, de nos parents, de nos professeurs, a des répercussions sur notre confiance en nous. Nous allons **calquer nos comportements**, notre système de pensée sur ces figures d'autorité pour construire notre identité.
Le problème, c'est que ces personnes ne sont pas toutes des "modèles" à suivre. Leur influence négative peut être à l'origine du mal-être dont vous souffrez. Il faut savoir que chaque critique que vous avez reçue, **s'imprime à l'encre indélébile dans votre mémoire** et peut être ravivée à la moindre remarque *(comme une petite bombe intérieure)*. Vous portez donc probablement, **ces messages destructeurs** en vous, encore aujourd'hui.

3. Les expériences négatives

Les traumatismes, les abus, l'intimidation, le harcèlement ou l'humiliation vont **entraver le développement de votre confiance**. Un enfant maltraité par ses camarades, pour cause de surpoids par exemple, va souffrir d'un manque d'estime de lui et aura du mal à s'aimer tel qu'il est.
Chaque évènement traumatique va donc laisser **une empreinte**, **une blessure** qui restera ouverte tant que nous ne la soignons pas. Elle aura alors une incidence sur la façon dont nous percevons notre apparence, nos capacités intellectuelles et s'ancrera en nous, pendant des années.

Les conséquences du manque de confiance en soi

Comme nous l'avons abordé dans la séance précédente, votre manque d'assurance **perturbe l'équilibre général** de votre vie. Il est à l'origine de **nombreuses frustrations**, tant dans le domaine professionnel que privé. Il affecte la majorité de vos relations et vous contraint parfois d'accepter des situations inconfortables car il vous est difficile, voire **impossible**, **de dire** "**non**". Cela peut même vous conduire à mettre un voile sur vos ambitions. Vous préférez en effet, **vous contenter de peu**, de peur de demander ou d'agir pour obtenir ce que vous désirez vraiment.

SECRET DE RÉUSSITE N°3

Comportez-vous dès aujourd'hui comme une personne confiante. Changez d'état d'esprit et **surprenez-vous** !

En tant qu'ancienne DRH, j'ai trop souvent été témoin de profondes inégalités entre les personnes confiantes et celles qui ne l'étaient pas.

Alors que les premières obtenaient des promotions, des formations, des primes par exemple, les secondes végétaient à des postes sans grandes responsabilités et dont le salaire était largement inférieur à leurs compétences. Pourquoi ? Parce qu'**elles n'osaient rien demander**. Elles se trouvaient **illégitimes** pour prétendre à une promotion ou elles étaient trop timides pour oser s'affirmer face à leur supérieur, lors d'un entretien.

En ce qui concerne le domaine amoureux, le manque de confiance peut être à l'origine de nombreux **désordres** ou **échecs affectifs**. Les personnes qui n'ont pas suffisamment confiance en elles, auront tendance à **saboter** leurs relations en se montrant possessive, jalouse ou négative. De manière inconsciente, elles vont fragiliser ou détruire leur histoire d'amour, car elles sont convaincues de ne pas "mériter" leur partenaire.

Prenez quelques instants d'ici ce soir, pour faire un premier bilan. Demandez-vous à quel point votre manque de confiance paralyse votre vie ? Quelles conséquences et quels problèmes engendre-t'il ? N'oubliez jamais, que même si vous ne pouvez pas contrôler tous les évènements de votre vie, vous pouvez contrôler la manière dont **vous allez réagir** et vous comporter. Ne laissez plus le pilote automatique contrôler votre trajectoire. Accrochez-vous, poursuivez votre lecture et passez à l'action !

Témoignage de Vicky

Je rencontre Vicky *(son prénom restera anonyme)* lors d'une soirée entre amies. Elle vient d'arriver à Paris après avoir séjourné un an à Los Angeles. Cette adorable jeune femme de 25 ans, capte tout de suite mon attention. Elle est pétillante, a un sourire accroché à ses lèvres et semble très sûre d'elle. Mais dès qu'elle aborde son retour des États-Unis, son visage se fige.

Je me permets de lui demander ce qui la contrarie autant. Elle me répond le regard fuyant, qu'elle vient de mettre fin à son rêve le plus cher, celui de devenir Chanteuse. Sa tante Mathilde vole immédiatement à son secours et me dit : "Ce n'est pas si grave. Elle n'avait qu'une chance sur un million d'y arriver. Elle a essayé, c'est déjà bien."

Bien sûr, choisir un métier artistique comporte des risques. Les chances de voir transformer son rêve en réalité, sont minimes, mais à son âge Vicky a encore tout l'avenir devant elle. Alors pourquoi abandonner si vite !

Je lui demande de me faire écouter une de ses bandes sons. En allant sur Youtube, je découvre une merveilleuse chanteuse remplie de talents.
En la questionnant, je réalise que Vicky est obnubilée par les critiques qu'on lui adresse. Elle se répète en boucle, les phrases qu'elle entend pendant ses castings. Elle est persuadée "qu'elle n'y arrivera pas, que son accent anglais n'est pas parfait...". Bref, son discours intérieur la pollue. *En se répétant chaque jour qu'on ne va pas y arriver, il est presque normal d'échouer, vous ne pensez pas ?*

Quel gâchis ! Je ne peux pas supporter qu'on puisse se résigner si facilement. Je lui donne donc RDV à mon cabinet, pour l'aider à déverrouiller ses points de blocages et déprogrammer son discours intérieur, véritable frein à son envol. *Pour la petite histoire, Vicky compose et chante aujourd'hui pour des studios de cinémas américains. Affaire à suivre !*

Vous êtes responsable des paroles auto-destructrices que vous vous infligez. Ce n'est pas parce que vous ne réussissez pas une audition ou un projet que vous êtes "nul". Vous pouvez connaître l'échec mais cela ne vous autorise pas à vous faire du mal. Vous devez au contraire, prendre soin de vous, vous réconforter et vous encourager à progresser... car **ce que vous pensez de vous-même est ce qu'il y a de plus important au monde**.

Mon discours intérieur

Nous passons notre temps à nous parler intérieurement. Cette petit voix intérieure peut devenir notre alliée n°1, ou notre pire ennemie, si nous nous répétons sans cesse des messages négatifs.

Pendant les **7 prochains jours**, je vais vous demander de tenir un journal de bord dédié à votre discours intérieur. À chaque fois que vous vous adresserez un message négatif, notez-le et suivez les étapes suivantes :

- **Listez tous les messages que vous vous répétez en boucle**.
  "Je suis nulle. Je ne vaux rien. J'ai peur de tout perdre. Je ne suis pas assez jolie. J'ai peur de l'inconnu. Personne ne m'aimera pour ce que je suis vraiment. J'ai peur de souffrir. Je suis trop grosse. Je n'intéresse personne. Je suis stupide. Je n'aime pas ma vie..."

- **Demandez-vous pourquoi vous prononcez ces paroles**.
  Notez les raisons qui vous poussent à vous parler ainsi. Répétez-vous ce que les autres disent de vous ou est-ce votre jugement personnel ?

- **Analysez l'impact**, **la portée de ces paroles dans votre vie**. Que ressentez-vous ? Quelles émotions provoquent-elles en vous ? Quels comportements impliquent-elles ?

- **Est-ce que votre monologue intérieur est à l'origine de vos croyances limitantes ?**
  À force de vous répéter que vous n'êtes pas à la hauteur, vous finissez par le croire. C'est ainsi que nos croyances deviennent notre réalité.

Il est temps de mettre fin à ces années de **pollution intérieure**. À cette fin, nous allons recondontionner votre cerveau en utilisant les affirmations positives. Il suffit de remplacer chaque **parole négative** par une **affirmation positive**. De cette manière, vous allez modifier votre **processus mental** et le faire fonctionner à votre avantage, et non contre vous.

Votre discours intérieur est à l'origine de vos blocages. La répétition de **paroles nuisibles** à votre égard, dégrade votre confiance en vous. **Comme le cerveau humain est incapable de distinguer le vrai du faux**, toutes les informations que vous lui répétez à longueur de journée constituent pour lui, **une réalité**, **une vérité**. C'est pourquoi, il est essentiel de réapprendre à vous parler. Dans les prochains jours, adressez-vous uniquement des **paroles bienveillantes** pour amorcer votre changement.

Partir à la découverte de soi

Apprendre à mieux se connaître et à s'accepter est **la quête** de toute une vie. Nous recherchons tous, à un moment de notre existence, à savoir qui nous sommes. Nous essayons de comprendre nos émotions, nos pensées et nos comportements. Ce travail personnel est indispensable pour **ouvrir les portes du possible et de la confiance en soi**. Dans ce cadre, je propose souvent aux participants de mes séminaires de réaliser un "**quêtogramme**". *(Il s'agit d'un petit questionnaire sur la quête de soi et la confiance).*

Voici un aperçu des questions posées :

- Pensez-vous bien vous connaître ?
- Qu'aimeriez-vous découvrir ou approfondir sur vous ?
- Quelle image avez-vous de vous-même ? Vous appréciez-vous ?
- Estimez-vous avoir de la valeur par rapport aux autres ?
- À quel point vous aimez-vous ?
- Vous acceptez-vous tel que vous êtes ?
- Pensez-vous être capable d'aimer "un jour" votre plus grand défaut ?

Je sais que la dernière question peut vous sembler inconcevable à ce stade de votre coaching. Et pourtant, je peux vous assurer que ce n'est pas si difficile. La majorité de mes clients y sont arrivés. Même si certains étaient terrifiés à l'idée de changer, ils ont compris qu'en s'acceptant totalement, ils s'offraient le plus précieux des cadeaux... alors ils ont sauté le pas.
C'est à votre tour aujourd'hui !

"

S'AIMER SOI-MÊME **EST LE DÉBUT D'UNE** HISTOIRE D'AMOUR **QUI DURERA TOUTE UNE VIE !**

OSCAR WILDE

5 concepts à comprendre

Lorsqu'on aborde le thème de la confiance en soi, il n'est pas toujours évident de faire la distinction entre l'image, l'estime, l'acception ou encore l'affirmation de soi. Pour bien comprendre les différences entre ces concepts, je vous propose de vous imprégner de leur définition :

La confiance en soi

Comme nous l'avons vu, la confiance en soi est notre capacité à croire en notre potentiel et en nos capacités. C'est avoir **la conviction** de réussir mais aussi de savoir rebondir, en cas d'échec.
La confiance en soi est associée à **l'action** et à **la réussite**.

L'estime de soi

L'estime de soi est **la perception positive ou négative** que nous avons de nous-même. Il s'agit d'une **auto-évaluation**, d'un jugement de **notre valeur** personnelle. L'estime de soi est associée à un ressenti, à un sentiment.

L'image de soi

L'image de soi est une **représentation mentale** décrivant notre personnalité physique et psychologique.
Cela peut se référer à l'image que nous renvoie notre corps, et à l'interprétation que nous en faisons.

L'acceptation de soi

L'acceptation de soi est notre capacité à **nous apprécier** tel que nous sommes vraiment avec amour, bienveillance et sans jugement.
C'est notre aptitude à cultiver un sentiment de **paix intérieure**.

L'affirmation de soi

L'affirmation de soi, c'est savoir exprimer clairement nos opinions, nos sentiments et nos besoins.
C'est également être capable de **défendre nos droits**, tout en respectant ceux des autres, en étant direct, bienveillant et honnête.

Focus sur l'estime de soi

Nous ne pouvons aborder le sujet de la confiance, sans parler de l'estime de soi, tellement ces 2 notions s'entremêlent.

- Les personnes qui ont **une saine estime** d'elles-même ont **la conviction intime** d'avoir de **la valeur**. Elles savent qu'elles sont **uniques**, **précieuses**, **dignes d'amour** et de **respect**.

- À contrario, les personnes qui ont **une faible estime** sont très critiques envers elles-même, se sentent inférieures aux autres et doutent en permanence.

Le concept de l'estime de soi joue donc un **rôle clé** dans notre épanouissement personnel. La vision que nous avons de nous-même influence **notre prise de décision**, **nos relations** et **nos émotions**.

Si on se réfère à la célèbre "Pyramide de Maslow", l'estime de soi est une des **motivations** humaines **fondamentales**. Nous avons besoin de nous respecter, mais également d'être reconnu et apprécié par les autres, pour développer une saine estime de nous-même.

Mon expérience m'a prouvé à plusieurs reprises, que ces concepts doivent être **mis en pratique** pour être parfaitement assimilés. C'est pourquoi, nous allons travailler **le duo de choc** "**confiance et estime**" au fil des prochaines séances. Mais pour l'heure, approfondissons le sujet de la découverte de soi.

SECRET DE RÉUSSITE N°4

L'aventurier des temps modernes est celui qui part à la **conquête** de lui-même, pour découvrir **son propre trésor**.

La quête de soi

Vous l'avez compris, en travaillant sur votre confiance en vous, vous allez **évoluer** sur **plusieurs niveaux de conscience**. En poursuivant **votre ascension** à mes côtés, vous allez apprendre à **vous accepter**, à **vous respecter** mais également à **vous aimer** d'un amour inconditionnel !

Je vous le répète maintenant depuis plusieurs jours : "Vous êtes la personne que vous devez le plus **chérir et aimer** sur cette terre".

Attention, ne vous méprenez pas ! Je ne dis pas qu'il ne faut pas aimer son prochain, ses enfants ou ses proches... Je parle ici de **l'amour de soi** et non de l'amour envers les autres...

L'amour de soi n'a rien d'égoïste... Il s'agit d'une **rencontre bienveillante** et d'une **réconciliation avec son corps et son mental**. S'aimer soi-même, c'est ressentir une paix intérieure, être apaisé, respecter ses besoins et savoir s'écouter.

Pour illustrer mes propos, voici deux de mes citations préférées :
"S'aimer soi-même est le début d'une histoire d'amour qui durera tout une vie." *Oscar Wilde*.
"Nous sommes tous doués d'une manière unique et importante. C'est notre privilège et notre aventure de découvrir notre propre lumière." *Marie Dunbar*.

Je sais que certains de ces mots font **écho** dans votre esprit. Vous savez au fond de vous, que vous devez apprendre à vous aimer et à **sublimer** tous vos atouts *(nous allons nous y atteler dans la prochaine séance)*.
C'est pourquoi, je vous mets au défi aujourd'hui, de **tomber amoureux** de vous-même.

Comment ?

C'est très simple, il suffit de reprendre les codes de la rencontre amoureuse. Quand nous tombons amoureux, nous rentrons dans une phase de "**lune de miel**". Nous sommes concentrés sur ce qu'il y a de plus beau chez l'être aimé et nous acceptons ses défauts sans sourciller.

Au fil de la relation, nous voulons le meilleur pour cette personne. Nous allons l'aider, la motiver, la chouchouter, la réconforter avec des paroles douces et apaisantes.

C'est exactement ce que je vous demande de faire pendant les 7 prochains jours. Imaginez que vous êtes **profondément amoureux de VOUS**.
Réservez dans votre agenda des "moments spéciaux" pour prendre soin de votre corps, de votre apparence et de votre mental...

Un jour, alors que j'essayais de consoler mon amie Gabby qui traversait une période difficile, je lui explique l'importance de "l'amour de soi".
Elle m'écoute attentivement et me dit : "Quand je pense à toutes les fois où je me suis **critiquée**, **rabaissée** et même parfois **détestée**... J'ai passé **plus de la moitié** de ma vie à **mutiler mon corps** avec des régimes et **mon esprit** avec des pensées négatives.
Je n'avais pas réalisé que je menais un combat, presque une "guerre" contre moi-même... **alors qu'en réalité**, **je suis la personne dont j'ai le plus besoin**".
À méditer...

REDORER SON ESTIME
et apprendre à s'aimer

Et si vous deveniez votre plus grand fan ? À compter de ce jour, j'aimerais que vous vous fondiez dans la peau d'une "**pom-pom girl**".
Encouragez-vous, applaudissez-vous et savourez chaque petite victoire avec une joie immense, comme si vous veniez de réaliser le plus grand exploit de votre vie. N'hésitez pas à inventer une petite chorégraphie. C'est stimulant et ça rebooste !

JE CHOISIS
l'amour

05
S'aimer
Prendre soin de son mental et de son corps. Se chérir, se chouchouter avec douceur et bienveillance.

01
Se connaître
Être conscient de ses atouts, de son potentiel mais également de ses limites et de ses fragilités.

04
S'encourager
Devenir sa propre "pom-pom girl". S'encourager chaque jour à être meilleur.

02
Se comprendre
Accueillir ses émotions. Comprendre ses peurs. Décrypter ses croyances.

03
S'accepter
Accepter son unicité, ses défauts et ses qualités.

LE CONSEIL
du jour

 Relisez ces 5 points et notez sur un cahier, chaque soir, ce que vous avez fait pour vous aimer et vous valoriser.

Je teste mon estime !

Dans cet exercice, vous allez réaliser le test le plus utilisé à travers le monde, pour mesurer l'estime de soi. Il s'agit de **l'Échelle de Rosenberg**.

Développé en 1965 par le sociologue Morris Rosenberg, ce test repose sur dix affirmations. **Voici la méthode à suivre** :

- Chaque affirmation se note sur une échelle de 1 à 4.
- Vous additionnez les points obtenus pour **les affirmations positives**, à savoir : la 1, 2, 4, 6 et 7. Comptez 1 point : "pas du tout d'accord", 2 points : "pas vraiment d'accord", 3 points : "plutôt d'accord", 4 points : "tout à fait d'accord".
- La cotation est inversée pour **les affirmations** dites **négatives**, à savoir : la 3, 5, 8, 9 et 10. Comptez 4 points : "pas du tout d'accord", 3 points : "pas vraiment d'accord", 2 points : "plutôt d'accord", 1 point : "tout à fait d'accord".

01. Je pense que je suis une personne de valeur, au moins égale à n'importe qui d'autre.

02. Je pense que je possède un certain nombre de belles qualités.

03. En général, je suis porté(e) à me considérer comme un(e) raté(e).

04. Je suis capable de faire les choses aussi bien que la majorité des gens.

05. Je sens peu de raisons d'être fier(e) de moi.

06. J'ai une attitude positive vis-à-vis de moi-même.

07. Dans l'ensemble, je suis satisfait(e) de moi.

08. J'aimerais avoir plus de respect pour moi-même.

09. Parfois, je me sens vraiment inutile.

10. Il m'arrive de penser que je suis un(e) bon(ne) à rien.

Faites le total de vos points. Vous obtenez alors un score entre 10 et 40.

- Si vous obtenez un score **inférieur à 25** : votre estime est très faible.
- Si vous obtenez un score **entre 25 et 30** : votre estime est faible.
- Si vous obtenez un score **entre 31 et 34** : votre estime est dans la moyenne.
- Si vous obtenez un score **compris entre 35 et 39** : votre estime est forte.
- Si vous obtenez un score **supérieur à 39** : votre estime est très forte et vous avez tendance à être fortement affirmé.

Sublimer son trésor intérieur

Vous disposez d'un **potentiel insoupçonné**, d'une réserve de talents que vous seul pouvez exploiter. C'est la combinaison spécifique de toutes vos ressources (qualités, dons, passions, valeurs, traits de personnalité) qui vous différencie des autres êtres humains et qui vous rend **unique**.

Malheureusement, je croise tous les jours des personnes qui n'ont pas conscience de leur **génie intérieur**. Elles sont persuadées qu'elles ne disposent d'aucun signe distinctif, ou pire qu'elles n'ont rien de spécial. Vous ne pouvez pas savoir comme cela m'attriste. Car en cultivant cette vision insignifiante d'elles-mêmes, ces personnes **se condamnent à ne réaliser qu'une fraction de leur potentiel** et permettent aux autres de les **dominer**.

J'imagine que certains d'entre vous se reconnaissent dans ces mots. Alors, cessez de vous glisser dans la peau de "Caliméro" et prenez la responsabilité de casser votre coquille pour **déployer enfin vos ailes**. Vous pouvez dès aujourd'hui, vivre en étant confiant, libre et heureux. Il suffit de prendre la décision de changer et d'exploiter votre **pouvoir**. Et **il y a urgence**, car si vous ne prenez pas votre vie en main, d'autres se chargeront de vous imposer leurs règles du jeu et de vous soumettre à leur volonté.

Je sais que mes paroles sont fortes, mais c'est pourtant la vérité. Il ne tient qu'à vous de savoir qui vous êtes réellement et de dessiner **la carte de votre trésor intérieur pour vous révéler et reprendre le contrôle de votre vie**...

"

POUR AVOIR DU TALENT **IL FAUT ÊTRE** CONVAINCU **QU'ON EN** POSSÈDE.

GUSTAVE FLAUBERT

À LA RECHERCHE
de votre diamant intérieur

Aujourd'hui, nous allons partir à la recherche d'un trésor caché : je parle bien évidemment de VOUS. Votre travail va consister à creuser au fond de votre être pour déterrer toutes les pépites qui méritent de briller et d'être exposées au monde. Vous allez mettre en lumière **vos valeurs fondamentales** *(p.41)*, **vos forces** *(p.43)* et **votre personnalité** *(p.44)*.

 Vos valeurs vous indiquent la route à suivre, *"ce qui est bon pour vous"*. Elles permettent de savoir, si vous êtes au bon endroit, avec les bonnes personnes.

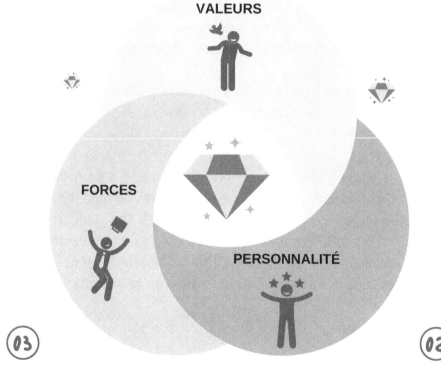

Vos forces mettent en avant *"ce que vous faîtes avec facilité"* et *"ce pour quoi vous êtes fait"*.

Votre personnalité *(traits de caractère)* vous permet de *"vous différencier et de revendiquer votre unicité"*.

Ces 3 indicateurs sont très utiles à ce stade de votre cheminement. En réalisant un audit complet *"de ce qui vous définit"*, vous allez pouvoir exploiter de nouvelles facettes de votre être et vous sentir plus confiant.

LE CONSEIL *du jour*

Tout au long de ma carrière, j'ai toujours été interpellée par le fait que nous avons du mal à nous définir, à savoir précisément ce qui nous rend unique. L'école nous a enseigné à comprendre le monde extérieur, mais aucun cours ne portait véritablement sur la découverte de notre monde intérieur : **la connaissance de soi**. Pourtant, savoir qui nous sommes, exploiter nos talents et vivre en symbiose avec nos valeurs sont des critères essentiels à notre épanouissement.

Vos valeurs fondamentales

Pour identifier vos valeurs, je vous invite à plonger **au coeur de vos racines**. Cette recherche est indispensable pour développer votre confiance, car vos valeurs guident l'ensemble de vos choix. Elles agissent comme une **boussole interne** et vous permettent de savoir **ce qui est bon pour vous**. Lors de mes coachings, je travaille régulièrement sur **la cartographie des valeurs**. Ce diagnostic est très instructif et libérateur. Il permet notamment de savoir, si notre environnement professionnel et personnel, est en accord avec nos valeurs intrinsèques.

Dans le cas contraire, si vous constatez un **écart significatif** entre vos valeurs et celles de votre entreprise par exemple, cela peut avoir une incidence sur votre manque de confiance. En effet, de nombreuses personnes préfèrent camoufler ou même enfouir leurs propres valeurs pour éviter les conflits.

Le problème, c'est que cette attitude crée un **déséquilibre** et bouleverse leurs repères. Elles finissent par se perdre en oubliant de défendre ce qui compte réellement pour elles.

Pour renouer avec vos valeurs et déterminer votre **socle identitaire**, je vous invite donc à clarifier **ce en quoi vous croyez au plus profond de vous-même**. Pour vous aider dans votre analyse, répondez à ces questions, puis complétez le tableau de la page suivante.

- Qu'est-ce qui compte le plus à vos yeux ? *(ex : la justice, l'équilibre, la liberté, la sincérité...)*.
- Qu'est-ce que vous ne tolérez pas ? *(ex : le manque de respect)*.
- Que recherchez-vous dans vos relations ? *(ex : l'honnêteté, la confiance)*.
- Quel regard portez-vous sur l'argent ?
- Quelle valeur accordez-vous à l'amitié et à la famille ?
- Votre entourage (ami, famille, patron) partage-t-il vos valeurs ?
- Les valeurs de votre entreprise sont-elles en accord avec les vôtres ?

RENOUEZ AVEC VOS
valeurs fondamentales

Vous l'avez compris, vos valeurs constituent **votre socle de référence**. Prenez le temps de choisir parmi cette liste, celles qui vous correspondent, puis notez les 3 qui sont les plus importantes à vos yeux.

Altruisme	Équité	Mérite
Ambition	Éthique	Obéissance
Amitié	Excellence	Ordre
Amour	Famille	Paix
Argent	Fiabilité	Pardon
Aventure	Fidélité	Partage
Bien-être	Franchise	Performance
Bienveillance	Fraternité	Reconnaissance
Bonheur	Générosité	Respect
Charité	Gentillesse	Réussite
Compassion	Gratitude	Sagesse
Confiance	Harmonie	Sécurité
Courage	Honnêteté	Sincérité
Devoir	Honneur	Solidarité
Dévotion	Hospitalité	Spiritualité
Dignité	Humanité	Tempérance
Discipline	Indépendance	Ténacité
Droiture	Indulgence	Tolérance
Éducation	Intégrité	Tradition
Égalité	Justice	Travail
Engagement	Liberté	Vérité
Entraide	Loyauté	Volonté

Mes 3 valeurs fondamentales :

Vos forces

J'aimerais partager avec vous une citation d'Orison Marden :

"Au fond de chacun de nous, gît un véritable pouvoir, qui peut nous rendre capable de faire tout ce que nous avons toujours désiré."

Pour avoir consacré la majorité de ma vie au développement personnel, je peux vous assurer que nous avons TOUS des dons, des talents qui sommeillent en nous. Pour les découvrir, il convient de s'interroger sur :

- ce que vous faîtes avec **facilité**. Dressez la liste de toutes les tâches dans lesquelles vous "êtes à l'aise".
- ce que vous **adorez** faire. Vos passions et vos centres d'intérêt sont des indices à explorer.
- ce qui vous rend **unique**. Listez vos aptitudes spécifiques et tous les domaines d'activité dans lesquels vous "excellez".

SECRET DE RÉUSSITE N°05

Si vous désirez **OBTENIR PLUS** de choses dans votre vie, vous devez simplement **DEVENIR PLUS** *(plus motivé, plus confiant etc...)*.

Vos traits de personnalité

Nos traits de personnalité sont **des marqueurs**, qui sont inscrits dans notre **ADN**. Cette combinaison de qualités et de défauts qui nous sont propres, compose notre caractère et induit nos comportements.

Il existe deux courants psychologiques contraires sur ce sujet :

- Certains pensent qu'il est nécessaire de concentrer toute son énergie sur ses défauts pour s'améliorer.
- Tandis que d'autres, considèrent qu'il est plus judicieux de renforcer ses qualités.

Personnellement, je pense que nous avons tout intérêt à **capitaliser sur nos qualités pour les transformer en "super-pouvoirs"**.

Pourquoi est-ce important ? En prenant conscience de vos talents, vous vous sentirez plus fort pour affronter certaines situations. Votre confiance sera décuplée et vous vous sentirez reboosté.

Vous trouverez dans les pages suivantes, deux listes qui vous permettront d'identifier vos forces et d'affiner votre analyse personnelle. N'hésitez pas à demander de l'aide à un de vos proches, si besoin.

DÉFINIR SES
plus grandes forces

Les psychologues, Christopher Seligman et Martin Peterson, pionniers de la psychologie positive, ont identifié 24 "grandes forces", regroupées en 6 catégories. Entourez celles qui vous définissent.

01 Sagesse et connaissance

Créativité, réalisation artistique, ingéniosité.
Acquisition de nouvelles connaissances.
Curiosité, exploration, découverte, sagesse.
Ouverture d'esprit, discernement, esprit d'analyse.

02 Courage

Courage, bravoure, combativité.
Persévérance, assiduité, goût de l'effort.
Authenticité, honnêteté, sincérité, intégrité.
Vitalité, enthousiasme, énergie, joie de vivre.

03 Humanité

Amour, capacité à aimer.
Gentillesse, générosité, empathie.
Capacité à comprendre les émotions des autres.

04 Justice

Esprit d'équipe.
Équité, justice, impartialité.
Leadership, capacité à encourager.

05 Tempérance

Modestie, humilité, prudence, précaution.
Maîtrise de soi, gestion de ses émotions.
Pardon, capacité à accepter les défauts des autres.

06 Transcendance

Gratitude, optimisme, espoir.
Humour, bonne humeur, jovialité.
Spiritualité, croire au sens de la vie.

IDENTIFIER SES
traits de personnalité

Pour compléter votre réflexion, choisissez à présent parmi cette liste, les traits de personnalité qui vous correspondent le mieux. Définissez ensuite vos **3 qualités majeures**.

Affirmé	Créatif	Réfléchi
Honnête	Imaginatif	Passionné
Ambitieux	Méticuleux	Courageux
Combatif	Généreux	Motivé
Energique	Patient	Indulgent
Enthousiaste	Perfectionniste	Calme
Adaptable	Organisé	Optimiste
Introverti	Ponctuel	Volontaire
Extraverti	Réaliste	Intègre
Fiable	Conciliant	Responsable
Aimable	À l'écoute	Prudent
Intuitif	Responsable	Curieux
Autonome	Persuasif	Assidu
Enjoué	Médiateur	Modeste
Diplomate	Logique	Efficace
Déterminé	Stratège	Travailleur
Disponible	Tolérant	Respectueux
Tenace	Gentil	Joyeux
Flexible	Altruiste	Emphatique
Courtois	Indépendant	Pragmatique
Consciencieux	Respectueux	Dévoué
Coopératif	Humble	Réfléchi

Mes 3 qualités majeures :

Témoignage d'Alain

L'histoire d'Alain est enthousiasmante et donne un véritable coup de fouet au moral ! Je rencontre cet athlète, 9 mois avant sa participation aux Jeux Olympiques. *J'avais coaché son frère 5 ans plus tôt, car il avait besoin de reprendre confiance en lui après un grave accident de voiture.*
Ce matin là, Alain est arrivé dans mon bureau avec la certitude que j'allais accomplir "un miracle" et lui permettre de décrocher la médaille.

Quelle ne fut sa surprise quand il comprit que je n'allais pas le sauver !
J'ai préféré décliner cette mission de coaching, car je sentais qu'Alain n'était pas prêt. Il voulait une "solution rapide et sans effort". *Et cela n'existe pas.*
Il manquait de confiance en lui mais ne voulait pas entendre parler de remise en question, ni de travail sur soi. Pour moi, c'était perdu d'avance.

Cinq jours plus tard, je reçois son appel. *Pour tout vous dire, j'espérais un déclic de sa part !* Il m'explique qu'il a passé 2 jours à cogiter et à se morfondre au point de vouloir se résigner. Mais au réveil du troisième jour, il était enfin décidé à se battre. Il ne pouvait pas abandonner si près de son rêve. Il avait consacré sa vie à sa passion et avait fait des sacrifices tel, qu'il se devait à présent, de se donner une chance de réussir. Vous ne pouvez pas savoir à quel point j'étais fière de lui. Je lui ai répondu : "Parfait, à présent je suis prête à vous aider".

Nous avons travaillé sans relâche pour identifier le panel de ses forces. Puis nous nous sommes concentrés sur sa préparation physique et mentale, en mettant en place de nouvelles routines, propices au succès. Tels des alchimistes, nous avons transformé chacune de ses "forces" en "pépites".
Au fil des séances, je lui ai démontré qu'il disposait à présent d'une "véritable mine d'or", dans laquelle il n'avait plus qu'à puiser pour devenir inarrêtable et décrocher sa médaille (qu'il a eu avec aisance !!!).

En prenant conscience de tout ce dont il était capable, Alain sortait de chaque séance, de plus en plus galvanisé et confiant. Ce qui est amusant, c'est que nous avons très peu parlé de ses victoires sportives, nous nous sommes attardés sur ses qualités de père de famille, sur sa capacité à aider son frère suite à son accident etc...

Pour se révéler, il faut partir à la découverte de soi, mais ce qui est encore plus incroyable c'est d'arriver à **se rencontrer soi-même**, de réaliser à quel point nous avons de la chance d'être doté de tant de qualités et de forces...

Mes supers-pouvoirs

J'aimerais que vous ressortiez de cette séance en étant fier d'avoir découvert **vos supers-pouvoirs**. Vous êtes réellement unique. Aucune autre personne au monde ne vous ressemble, c'est pourquoi vous devez devenir **le héros** de votre propre vie et partir conquérir le monde ! *À présent, faisons un bilan :*

I. Votre enfance

- Quelles étaient vos matières préférées à l'école ?
- Dans lesquelles aviez-vous les meilleurs résultats ?
- Quel métier vouliez-vous exercer quand vous étiez enfant ? Pourquoi ?
- Listez l'ensemble de vos réussites depuis votre entrée à l'école.
- Parmi celles-ci, quelles sont vos plus grandes réalisations ?

II. Vos valeurs

- Si vous deviez faire un choix, que préférez-vous : réussir votre vie ou réussir dans la vie ?
- Quelles sont vos 3 valeurs fondamentales *(cf tableau p.41)* ?
- Quelles causes défendez-vous ?

III. Vos talents et vos forces

- Dans quel environnement vous épanouissez-vous professionnellement et personnellement ?
- Quels loisirs, centres d'intérêts vous rendent le plus joyeux ?
- Quelles actions ou tâches aimez-vous faire dans votre vie privée et professionnelle ?
- Quelles sont vos 3 qualités majeures *(cf tableau p.44)* ?

IV. Votre plan d'action

- Quelles qualités devez-vous renforcer pour vous sentir vraiment au "top"?
- Comment pourriez-vous faire pour que vos centres d'intérêts prennent une place centrale dans votre vie ?
- Quel plan d'action allez-vous mettre en place pour commencer à exploiter vos talents et vos dons, dès aujourd'hui ? (formation, webinaire, lecture..).

À l'issue de cet exercice, n'hésitez pas à inscrire vos forces, vos valeurs et vos talents dans votre journal de bord. Relisez-les tous les matins, avant de partir au travail et demandez-vous chaque soir, si vous avez tout mis en oeuvre pour exploiter vos supers-pouvoirs ! Dans le cas contraire, investissez sur vous. Accordez-vous 15 minutes par jour pour vous former, lire, apprendre !

Jour 06

Consolider ses connaissances

Avant de débuter notre séance, je désire vous féliciter pour le travail que vous venez d'accomplir. Faire **le choix de changer** est un acte héroïque de nos jours, car beaucoup d'entre nous ont des idées bien arrêtées et imaginent qu'ils n'ont plus besoin de se remettre en question, ni même d'apprendre, une fois arrivés à l'âge adulte. Mais ce n'est pas votre cas, alors un grand bravo !

Comme je l'ai indiqué en introduction, la clef de voûte de ce programme de coaching réside dans **l'acquisition** et **la mise en pratique** des savoirs enseignés. C'est la raison pour laquelle, nous allons entamer notre première **phase de consolidation**.

Grâce aux tests et aux exercices pédagogiques, vous avez commencé à mettre en application **les grands piliers** de la confiance en soi. Votre travail personnel vous a permis d'identifier les causes de votre manque de confiance mais également de visualiser les étapes qu'il vous reste à franchir, pour être pleinement confiant.

Vous savez à présent que la confiance en soi est **une aptitude** qu'il suffit de renforcer au quotidien. Au début, on s'imagine être devant un grand rocher, mais à force de travail, ce rocher se transforme en petits graviers que nous pouvons facilement déplacer... Soyez convaincu que rien n'est insurmontable !

Secret de réussite n°06 : Abandonnez toutes les choses auxquelles vous croyez et qui ne vous profitent pas *ou qui font obstacle à votre vie*. Plus vous vous libérez, plus **votre transformation sera grandiose**...

"

SI VOUS POUVEZ LE
RÊVER,
VOUS POUVEZ LE
RÉALISER.

WALT DISNEY

L'essentiel de la semaine

Voici les 7 points clés à retenir avant de poursuivre notre aventure. Lors de votre lecture, demandez-vous si vous maîtrisez ces connaissances ou si vous devez les revoir dans les prochains jours.

01 La confiance en soi est **vitale** dans tous les aspects de notre vie. Elle est **le moteur** de notre réussite.

02 Devenir confiant, c'est **croire** en notre potentiel et en nos capacités.

03 La confiance est **une aptitude** que nous pouvons tous acquérir par une pratique intentionnelle et répétitive.

04 **Avoir confiance, c'est avoir la conviction de réussir avant même d'avoir commencé.**

05 Pour booster sa confiance, il faut apprendre à s'aimer, se valoriser et se montrer bienveillant avec soi-même.

06 Être confiant, c'est **arrêter de mener un combat**, une guerre contre soi-même.

07 Notre confiance en nous se renforce dès lors que nous comprenons que **nous sommes la personne la plus importante** au monde...

Pour mémoriser ces concepts, je vous invite à les noter dans votre journal de bord. À la fin du programme, vous pourrez les utiliser comme une "check list" pour vérifier vos acquis !

CONFIANCE EN SOI

Je sais que tout est possible.
Je suis persuadé que je vais réussir.
J'ai confiance en moi et en la vie.

Je me valorise.
Je connais ma valeur. Je sais
mettre mes qualités en avant.

J'apprécie les compliments.
J'aime que l'on remarque mes efforts.
J'accepte avec plaisir les louanges.

J'adore relever des défis.
J'ose prendre des risques.
Je suis stimulé par les challenges.

Je connais mes forces.
Je capitalise sur mes atouts.
Je m'améliore en permanence.

MANQUE DE CONFIANCE

Je pense que rien n'est possible.
Je ne crois pas en mon potentiel.
Je suis ma propre limite.

Je me dévalorise en permanence.
Je me sous-estime, car je n'ai pas
conscience de ma valeur.

Je n'aime pas les compliments.
Les compliments me rendent mal à
l'aise. Je ne pense pas les mériter.

Je ne prends aucun risque.
Je n'aime pas les défis. J'évite de
me mettre en danger.

Je pense être insignifiant.
Je n'exploite pas mon trésor intérieur.
Je ne connais pas mes forces.

POUR ALLER PLUS LOIN
mes routines "confiance"

Pour accroître votre confiance, il est indispensable d'introduire de nouvelles routines "bien-être" dans votre quotidien. Je vous propose ici 3 pistes à explorer pour libérer votre charge mentale, améliorer votre apparence et vous sentir plus à l'aise dans votre corps.

JE PRATIQUE LE JOURNALING

Le journaling est une pratique qui consiste à écrire tous les matins dans un journal, ce qui nous passe par la tête. Cet outil de développement personnel permet d'organiser ses idées, de mieux gérer ses émotions et de se libérer de pensées négatives. 5 minutes par jour suffisent. Pratiquez ce rituel au réveil (notez vos idées, vos objectifs, votre humeur...).

JE PRENDS SOIN DE MON APPARENCE

Porter des vêtements qui vous mettent en valeur, prendre soin de votre apparence, vous maquiller ou vous raser chaque matin, permet de vous sentir bien dans votre peau et par conséquent de renforcer votre confiance en vous.
N'hésitez pas à revoir votre garde-robe pour porter uniquement des vêtements dans lesquels vous vous sentez au top !

JE DEVIENS ADEPTE DE LA MÉDITATION

Les vertus de la méditation ne sont plus à prouver. Pratiquer cette discipline permet de se recentrer sur soi, sur ses émotions, ses pensées. En vous concentrant sur **le moment présent**, vous éloignez vos pensées parasites et vous vous concentrez sur l'essentiel de votre vie. Cela permet de se sentir plus confiant et d'affronter les tracas du quotidien avec plus de recul !

Mes affirmations

De nombreuses études démontrent que les affirmations positives atténuent le stress et améliorent la confiance en soi. Les affirmations sont des déclarations à répéter chaque jour intentionnellement, pour réorienter nos pensées sur le positif, nos objectifs et la matérialisation de nos désirs.
Voici 6 affirmations pour booster votre confiance. Je compte sur vous pour intégrer cette nouvelle routine dans votre vie ! *N'hésitez pas à écrire les vôtres dans la zone ci-dessous.*

JE SUIS LE CRÉATEUR DE MON BONHEUR.

JE MÉRITE D'ÊTRE AIMÉ ET RESPECTÉ.

JE M'ENGAGE À ÊTRE MEILLEUR CHAQUE JOUR.

JE FAIS LE CHOIX DE RENDRE MA VIE INCROYABLE.

CHAQUE MINUTE EST UNE OCCASION UNIQUE DE BRILLER.

J'AI UNE FÉROCE CONFIANCE EN MOI.

MES AFFIRMATIONS

Kit de survie

Quand on débute un programme de coaching, on se sent souvent galvanisé, motivé et **prêt à déplacer des montagnes**.

Mais, après la phase de découverte *(de 4 à 7 jours)*, il n'est pas toujours aisé de conserver sa motivation sur la durée. Nous sommes vite rattrapés par notre quotidien et il suffit parfois d'un grain de sable pour abandonner.

Je vous rassure tout de suite... nous sommes tous pareils !

Mais, c'est justement à ce moment précis, que **vous avez besoin de moi**. J'ai conçu cette méthode dans le but de **vous encourager** et de vous dynamiser à chaque étape du processus. Et je ne compte pas m'arrêter en si bon chemin.

De ce fait, si vous êtes submergé par les aléas de la vie, accordez-vous une pause d' 1 à 2 jours, mais reprenez rapidement votre programme. Il est essentiel de pratiquer cette méthode sur une courte période, pour **assimiler tous les enseignements** et pouvoir véritablement reprendre confiance en vous. Gardez bien à l'esprit que vos résultats seront à la hauteur de votre investissement !

Je sais d'expérience que la mise en place de nouvelles habitudes ou d'un **changement en profondeur**, comme celui que vous êtes en train de vivre, peut s'avérer difficile pour beaucoup d'entre vous. C'est pourquoi, je vous propose aujourd'hui de créer un "**kit de survie**" à sortir en cas de "**démotivation extrême**". Ainsi, si vous commencez à vous trouver des excuses, vous saurez que vous disposez d'un **antidote**, d'une **trousse de secours**, pour vous **recharger en énergie positive** et vous **remotiver** !

Pour réaliser votre "kit de survie", rien de plus simple. Il vous suffit de faire une liste de tous **les bénéfices** que vous apportera votre coaching. Imaginez-vous avoir pleinement confiance en vous et notez tout ce que cela changera dans votre vie. Une fois cette liste réalisée, accrochez-la sur la porte de votre chambre ou dans votre salle de bain. Dès que vous vous sentirez en panne de motivation, relisez-la et souvenez vous **pourquoi** vous avez choisi de faire ce programme. Vous pouvez également l'agrémenter de citations inspirantes. Personnellement, j'ai inscrit celle-ci sur mon kit : "**Quand tu as envie d'abandonner, pense à la raison qui t'a fait commencer**".

Jour 07

Votre journal de coaching

Focus motivation

C'est dans l'inconfort que nous devenons plus fort ! Même si les exercices vous semblent difficiles, avancez chaque jour sur votre programme. Sachez qu'au fil de ce coaching, vos aptitudes, vos croyances et votre confiance évoluent en parallèle.

Alors, même si vous traversez des périodes de doute, gardez foi en vos rêves et poursuivez vos efforts.

À savoir

Si vous faites une entorse au programme, je vous "interdis" de déprimer ou de culpabiliser, car c'est le meilleur moyen d'abandonner. Vous êtes en train de changer l'ensemble de votre vie... Alors, prenez le temps de progresser à votre rythme.
La vie n'est pas un marathon, mais une course de fond !

Secret de réussite n°07 : Seuls **vos choix** et **vos actions** quotidiennes conditionnent votre réussite. Ne perdez plus votre temps à vous morfondre, utilisez-le pour travailler sur vous et devenir la personne que vous avez toujours rêvée d'être.

QUESTION réponse

Comment garder le cap ?

Voici un de mes secrets pour rester focus :
1. Je m'appuie sur **mon passé** en capitalisant sur **mes réussites**.
2. Je me concentre sur **mon présent**, en mettant en place de **bonnes habitudes**.
3. Je visualise **mon avenir** en focalisant sur **mes objectifs**.

C'est l'heure du bilan

Il est l'heure de **mesurer votre progression** et de faire le point sur l'avancée de votre coaching. Répondez aux questions suivantes en toute honnêteté. Vous pouvez reporter certaines de vos réponses dans le bilan de la page suivante. **TOUT est possible, ne l'oubliez jamais !**

01 Avez-vous été assidu dans votre coaching ?

02 Réussissez-vous à faire vos exercices ?

03 Êtes-vous fier de votre progression ?

04 Quelles connaissances avez-vous acquises ?

05 Quels points devez-vous approfondir ?

06 Vous sentez-vous plus serein ?

07 Que devez-vous mettre en place pour renforcer votre estime ?

08 Quels bénéfices attendez-vous de ce programme ?

09 Quelles sont vos victoires de la semaine ?

10 Quels sont vos 3 objectifs prioritaires ?

Mon bilan

📅 **DATE DU JOUR**

🏵 **MES 3 VICTOIRES**

_____

_____

❤️ **CE QUE J'AI RETENU**

_____

_____

_____

_____

⭐ **MON NIVEAU DE CONFIANCE**

☆ ☆ ☆ ☆ ☆

💡 **MES AXES DE PROGRÈS**

_____

_____

_____

✏️ **MON JOURNALING**

Notez les joies, les difficultés que vous avez rencontrées durant la semaine.

Mes objectifs

À présent, je vous propose de définir vos **3 objectifs prioritaires**, pour la semaine à venir. Se fixer des objectifs permet de passer **du rêve à la réalité**. Nous avançons alors vers une destination claire et nous savons pourquoi nous nous levons le matin. Notez également que, tous les défis et challenges remportés renforcent votre confiance. Alors foncez !

MES 3 OBJECTIFS PRIORITAIRES

01

02

03

MON PLAN D'ACTION

Mes challenges de la semaine

Comme nous le verrons la semaine prochaine, nous ne pouvons accroître notre confiance qu'en osant prendre des risques.

Je vous mets donc au défi de relever ces 7 challenges dans les prochains jours. Commencez par ceux qui vous semblent les plus faciles, puis augmentez le niveau de difficulté à votre guise.

01 S'adresser un message d'amour tous les matins au réveil.

02 Appeler un ami que vous avez perdu de vue et prendre de ses nouvelles.

03 Ne pas vous critiquer pendant une journée complète *(puis pendant une semaine)*.

04 Sourire à une personne âgée et lui apporter votre aide.

05 Complimenter une personne de votre entourage chaque jour *(puis un inconnu)*.

06 Demander son chemin à une personne dans la rue.

07 Rejoindre une association, un club de sport ou un groupe de lecture... *(et y être actif)*.

Mes progrès

CHAPITRE 2

Dépasser
ses blocages

ÉTAPE 2 : ÉVOLUTION

Se détacher du regard des autres

Depuis la nuit des temps, l'Homme recherche **la validation**, **le respect** et **l'amour** des autres. Nous ressentons encore aujourd'hui, **ce désir** d'être aimé et d'être accepté par une communauté. Même si au départ, ce besoin d'appartenance était essentiel à notre survie, il s'est inscrit au fil du temps dans notre ADN ...

Malheureusement, cela nous pousse souvent à déployer des trésors d'imagination pour **plaire aux autres** à tout prix, au lieu d'**être nous-même**. En nous pliant à leur volonté, nous acceptons parfois des situations rabaissantes et abusives, par peur d'être rejeté.

Au fil des ans, nous finissons par **nous oublier** et **perdre confiance en nous**, car nous donnons aux autres **le pouvoir** de contrôler notre vie.

Des études sur l'imagerie cérébrale ont montré que les personnes qui ont une faible estime d'elles-mêmes sont extrêmement sensibles aux compliments ou aux critiques des autres. **Leur dépendance affective** les rend vulnérable et les emprisonne dans un cercle vicieux où elles cherchent continuellement **la reconnaissance et l'amour de l'autre**.

Trop s'inquiéter du regard des autres et vivre uniquement à travers eux, peut véritablement nuire à notre bien-être et à notre santé mentale.

Mais rassurez-vous, ceci n'est pas une fatalité. Il est possible de se détacher du regard des autres et de leurs influences négatives, pour **rétablir un juste équilibre relationnel**. Et c'est précisément ce que nous allons étudier dans cette séance.

”

IL N'EST JAMAIS TROP TARD POUR DEVENIR CE QUE NOUS AURIONS PU ÊTRE.

GEORGE ELIOT

Je reçois trop souvent des personnes qui articulent leur vie en fonction des autres. Elles veulent absolument "**faire bonne figure**" et tentent de rentrer dans **un moule trop étroit** pour elles.

Je leur pose alors ces questions : "Pourquoi accordez-vous autant de crédit aux personnes qui vous entourent ? N'avez-vous pas envie d'être libre ? Allez-vous attendre d'être à la retraite pour être **vraiment vous-même** ?"

Je vais vous faire une confidence : les gens ne passent pas leur temps à penser à vous. Vous n'êtes pas le centre de leur attention. Vous savez pourquoi ? Tout simplement, parce qu'ils pensent avant tout, à **eux**.

Un jour, ma grand mère Jackie m'a dit : "Ne sois pas heureuse quand tu reçois un compliment et ne sois pas triste de recevoir une critique. **Sois juste fière de t'améliorer chaque jour. Le reste n'a aucune importance**."

> 66 *Être libre, c'est aussi ne pas agir en fonction du regard des autres. –Frédéric Lenoir*

L'effet Pygmalion et l'effet Golem

Heureusement, l'influence de notre entourage peut s'avérer extrêmement positif et contribuer à notre réussite. C'est précisément ce que le psychologue Robert Rosenthal met en lumière en 1960 à travers **L'effet Pygmalion**. Ses études démontrent que le simple fait de croire en la réussite de quelqu'un améliore ainsi ses probabilités de succès.

Intéressons-nous de plus près à ses recherches. Rosenthal a mené une expérience auprès d'une école. Il a sélectionné des élèves au hasard et a indiqué à leurs professeurs qu'ils étaient dotés d'un QI supérieur à la moyenne *(chose qui n'était pas vraie)*. Un an plus tard, ces élèves ont réellement obtenu de meilleurs résultats que les autres. Pourquoi ? Tout simplement, parce que les professeurs leur ont accordé plus d'attention, étaient plus à l'écoute de leurs besoins et voulaient contribuer à leur évolution.

Cependant, cet effet positif a malheureusement **un revers négatif**. On parle alors de **l'effet Golem**. Il agit comme un véritable **poison** qui attaque la moindre parcelle de notre confiance en nous. Cela se produit notamment, quand notre entourage essaye de nous tirer vers le bas en nous martelant des phrases négatives : "Tu n'auras jamais ton diplôme. Arrête de rêver."

Ces exemples nous montrent à quel point il est **vital** que nos proches **croient en nous, nous élèvent** afin que nous puissions **nous révéler**.

LES PRINCIPES
de l'effet pygmalion

L'effet Pygmalion fonctionne comme une **prophétie auto-réalisatrice**. Pour mieux comprendre ce concept, je vous invite à prendre connaissance du schéma ci-dessous. Il met en évidence la relation de cause à effet, entre notre réussite et ce que les autres pensent de nous. Nous venons de le voir, si une personne croit en notre réussite, cela va impacter nos croyances et nos performances personnelles.

Une personne pense que nous pouvons réussir quelque chose.

Elle va adopter une attitude positive et nous encourager à nous dépasser.

Nous allons tout faire pour *réussir* et prouver à cette personne qu'elle a raison de croire en nous.

Nous modifions nos croyances personnelles et nous sentons plus confiant.

LE CONSEIL
du jour

Posez-vous à présent cette question : "Dans mon entourage, quelles sont les personnes qui me tirent vers le haut et celles qui me tirent vers le bas ?"

Malheureusement, nous ne sommes pas toujours bien entourés. Certaines personnes prennent plaisir à nous critiquer, sans raison apparente. C'est pourquoi vous ne devez pas vous conformer à **l'opinion des autres pour en faire votre réalité**. Vous devez apprendre à **devenir imperméable** aux critiques et aux jugements des autres. **Voici comment y parvenir.**

4 conseils pour se détacher du regard des autres.

Conseil n°1 : Quand une personne s'adresse à vous, demandez-vous toujours quelles sont **ses intentions à votre égard**. Puis, déterminez s'il s'agit d'une personne : 1- bienveillante. 2- malveillante ou 3- plutôt neutre.

En "classant" les personnes selon **leurs intentions**, vous allez pouvoir **vous détacher émotionnellement** de celles qui ne vous apprécient pas à **votre juste valeur**. De fait, si vous êtes critiqué par une personne *du groupe 2,* n'accordez aucune importance à son venin. Vous savez que ses critiques ne sont pas constructives *mais nocives*. Dites-vous simplement que vous avez des attentes ou des opinions différentes et passez vite à autre chose.

Conseil n°2 : Recherchez votre propre tribu. Ne perdez plus votre temps à essayer de **plaire à tout le monde** et encore moins, à ceux qui s'attendent à ce que vous vous conformiez à leurs désirs. **Il est plus sain** de choisir des personnes qui vous acceptent et vous aiment **tel que vous êtes vraiment**.

SECRET DE RÉUSSITE N°8

Il vous appartient de **construire votre bonheur intérieur** pour **ne plus être prisonnier** du regard des autres.

Conseil n°3 : Lâchez-prise. Il suffit parfois d'un regard furtif ou d'un chuchotement pour imaginer que l'on dit du mal de vous. Et quand bien même vous faîtes l'objet de critiques, vous n'en saurez jamais rien !
Alors faites-moi plaisir et cessez de vous torturer avec des suppositions. Focalisez plutôt votre attention sur ce qui est important pour vous et laissez les autres à leurs commérages... Vous êtes au dessus de cette médiocrité !

Conseil n°4 : Concentrez-vous sur vos envies. Je sais que certains d'entre vous veulent se montrer parfaits en toute occasion. Attention toutefois à ne pas vous oublier. Vous n'avez pas à vous sacrifier pour **être perçue** comme une "super maman" aux yeux des autres par exemple. Vous avez le droit d'être maman, épouse et femme à la fois ! Alors oubliez les étiquettes et **vivez pour vous** !

MON TRADUCTEUR
de critiques

Nous considérons très souvent les critiques comme **des attaques personnelles**, mais qu'en est-il vraiment ? Pour vous aider à prendre du recul et à poser un diagnostic sur les véritables intentions de votre interlocuteur *(Est-il contre vos idées ? A-t'il peur de vous ? Est-il jaloux ?...)*, je vous propose d'utiliser un outil ludique, nommé "le traducteur de critiques".

Ce que l'on vous dit	**Ce qu'il faut comprendre**

01

Tu ne comprends jamais rien... J'en ai marre.

Ce que tu fais ne correspond pas à mes attentes.

02

Je déteste *tes vêtements/ tes mecs...* Tu n'as aucun goût !

Je ne partage pas tes goûts. Nous sommes tous différents.

03

Je ne te supporte plus. Tu as des idées arrêtées.

Je ne suis plus sur la même longueur d'ondes que toi.

04

Tu es "dingue" ! Tu as bien réfléchi à ce que tu veux ?

Ton projet me fait peur. Je serai incapable de l'envisager.

05

Tu es incompétent. Tu n'y arriveras jamais...

Je suis envieux et/ou malveillant. *(Fuyez cette personne toxique !)*

06

Tu as des hanches trop larges pour porter cette robe.

Je ne m'assume pas et ça me dérange que tu le puisses.

07

Tu n'as pas été au top pour ton *examen/ discours/ exposé*.

Tu peux mieux faire. *(Ce n'est pas grave, vous allez vous améliorer)*.

Mythe de la Grenouille Sourde

J'aimerais réellement que cette séance vous permette de vous libérer du regard des autres, car le jour où j'y suis arrivée, j'ai enfin commencé à **Vivre**. Pour vous y aider, permettez-moi de vous raconter un conte inspirant intitulé : **La grenouille qui était sourde**.

"Une bande de grenouilles décident d'organiser une course pour gravir une très grande tour. La nouvelle se répand dans le village et des centaines de grenouilles se rassemblent pour voir la course. Très vite, **les commentaires fusent** : "Elles n'y arriveront jamais, elles sont bien trop lentes." "Pour qui se prennent-elles ? "Si c'était possible, nous l'aurions déjà fait".

À l'écoute de **ces critiques acerbes**, les premières grimpeuses **se découragent**. D'autres tombent de fatigue. Puis, peu à peu toutes les grenouilles quittent la course, **sauf une**. Alors qu'elle peine à avancer, de nombreuses grenouilles s'acharnent sur elle : "Tu es ridicule ! Descends, tu n'y arriveras jamais !" Pourtant, la grenouille poursuit **son ascension inlassablement**.

Après un effort intense, elle finit par atteindre le sommet. Toutes les grenouilles se précipitent autour d'elle pour connaitre **son secret** (*car aucune grenouille au monde n'avait jamais réalisé un tel exploit*). C'est alors qu'elles découvrent que la petite championne **est sourde**."

Avec cette parabole, on prend conscience du **pouvoir destructeur** des mots. Une simple critique peut **décourager** ou pire, **anéantir** une personne qui manque de confiance en elle. La morale de l'histoire nous enseigne qu'il faut **rester sourd** aux critiques que l'on nous adresse. En restant concentré sur notre objectif, on ne laisse alors aucune place **au doute** et rien, ni personne ne peut nous arrêter !

Sandra, une lectrice chère à mon cœur m'a fait découvrir ce conte. Ce jour là, je venais de recevoir un commentaire négatif sur mon précédent livre. Après quelques minutes à ruminer, j'ai repris mes esprits et je me suis dit :
"Je ne dois pas y accorder trop d'importance... On ne peut pas plaire à tout le monde !" Et là, comme par magie, Sandra m'écrit sur les réseaux pour me dire qu'elle a adoré mon livre. *Une belle synchronicité !* Nous échangeons sur l'importance de suivre notre chemin de vie sans nous préoccuper **du négativisme** des autres. Elle m'a fait découvrir ce superbe conte que je n'oublierai jamais. J'espère qu'il en sera de même pour vous...

Témoignage de Cloé

Cloé a 35 ans. Elle est chef de produit dans l'univers de la beauté. Son travail consiste à trouver des slogans pour nous faire rêver et nous donner envie d'acheter des crèmes aux pouvoirs "miraculeux". Mais voila, Cloé souffre en silence. Elle n'arrête pas de se comparer aux autres.

Elle s'est façonnée une **grille de lecture** mentale, pour évaluer ce qui est parfait, de ce qui ne l'est pas. Elle est persuadée **d'être jugée** au quotidien sur ses compétences, son style vestimentaire et son poids. Cette **auto-évaluation** permanente la fragilise. Dès qu'elle prend 1 kg, elle se morfond sous la couette, en se demandant comment elle va pouvoir aller travailler ! De l'extérieur, cela peut nous paraître absurde, mais la souffrance de Cloé est bien réelle.

Elle me consulte suite à un burn-out. Lors de nos RDV, je prends conscience de **la dictature psychologique** qu'elle s'impose pour être toujours au top ! Tout son emploi du temps est rythmé pour viser l'excellence et la perfection (salle de sport, coiffeur, esthéticienne, shopping, mais aussi cours de cuisine et de Chinois). Tout ce qu'elle fait, passe par **son radar à perfection** !
Je vous demande de ne pas la juger trop sévèrement, car je peux vous assurer qu'elle est géniale. Cloé est juste **une reine du contrôle** qui s'est emprisonnée dans un monde de perfection ultime.

Pour l'aider à sortir de son mal-être, je lui propose de se prêter à un jeu de rôle. *"Elle devra prendre la parole pour parler de son parcours professionnel, lors de mes 2 prochains ateliers".*
Pour sa première intervention, je désire qu'elle soit le plus naturel possible. Nous choisissons avec une amie relookeuse, une tenue décontractée et un maquillage naturel. À la fin de l'atelier nous demandons aux intervenants d'évaluer Chloé sur sa prestation et son apparence physique.
Pour que le test soit concluant, nous réitérons l'expérience deux jours plus tard. Je demande à Cloé de venir dans sa tenue de tous les jours.
Les résultats sont unanimes. Quel que soit son style, les personnes se montrent toutes bienveillantes. Ils apprécient son dynamisme et la trouve très agréable à regarder !

Nous n'avons pas conscience de **l'image que nous renvoyons aux autres** et se conformer à leur regard pour vivre notre vie est très souvent néfaste.
Alors libérez-vous. **Vivez enfin pour vous** !

Mon bouclier anti-critique

J'utilise depuis près de 20 ans un **bouclier anti-critique** pour me défendre contre les **briseurs de rêves** qui tentent de me décourager.

Mon métier de coach m'a enseigné que **la clé du succès réside dans la préparation et l'anticipation**. Il n'y a rien de plus déstabilisant que de se sentir piégé par "un adversaire" et de ne pas savoir répliquer. Aucun boxeur ne monte sur le ring sans s'être entraîné ! Il en est de même pour vous. Vous devez vous préparer à affronter les moqueries et maîtriser les techniques d'auto-défense pour vous sentir plus confiant.

Dans cet exercice, vous allez vous construire une armure *(un bouclier)* pour **vous protéger des critiques et savoir riposter**. Pour ce faire, rien de plus simple. Reprenez l'exercice n°2 p.24 et faites un tableau avec deux colonnes.

1. Dans la première, listez toutes les critiques que vous avez reçues jusqu'à aujourd'hui. Imaginez également celles que l'on pourrait vous faire et qui seraient susceptibles de vous désarçonner.
2. Dans la seconde colonne, écrivez votre réplique *(un argument choc)* pour vous imposer face à votre interlocuteur.

J'attire votre attention sur le fait que vous devez vous montrer bienveillant et respecter votre interlocuteur. L'objectif n'est pas d'entrer dans une joute verbale, bien au contraire, mais de vous défendre. Ce n'est pas du tout la même chose. Je vous invite ensuite à **apprendre par cœur** vos réponses pour vous sentir prêt à réagir si besoin. Voici quelques exemples pour vous inspirer.

Critiques	Boucliers
"Tu ne seras jamais bien dans ta peau. Il faut que tu perdes du poids."	"Je vis pour être heureuse et non pour plaire aux autres. Mes kilos reflètent ma joie de vivre..."
"Tu vas échouer si tu crées ta boite, la majorité des nouvelles entreprises ne survivent pas après 5 ans d'activité. "	"Je connais ces statistiques. Je veux essayer car je crois en mon projet. Si j'échoue, au moins je n'aurai aucun regret. D'ailleurs, j'ai un plan B."
"Tu es vraiment nulle en anglais. Tu ne pourras jamais être hôtesse de l'air."	"Je sais que je dois progresser et je mets tout en oeuvre pour combler mes lacunes. Je viens justement de m'inscrire à des cours en ligne. Les résultats sont déjà là."

Se libérer du complexe d'infériorité

Il est possible que vous n'arriviez pas à vous sentir pleinement heureux, car vous êtes persuadé que "tout le monde" mène une existence plus **merveilleuse et fantastique** que la vôtre. Vous regardez certaines personnes avec admiration ou envie et les imaginez toujours plus drôles, plus intelligentes, plus populaires ou même plus belles que vous...

Le problème, c'est que plus vous vous comparez aux autres, plus vous réalisez que votre vie n'est pas celle dont vous rêviez. Vous finissez par **vous dénigrer** et **vous dévaloriser**. Ce cercle vicieux s'enracine profondément en vous et vous entraîne dans une **détresse émotionnelle**.

Bien sûr, ce sentiment peut être **temporaire**, mais s'il persiste et vous affecte au quotidien, vous souffrez peut-être d'un **complexe d'infériorité**.
De quoi s'agit-il exactement ? Le psychanalyste Alfred Adler le définit comme "un sentiment d'insécurité et d'insuffisance, qui provient d'une **déficience** ou d'un **complexe** *(physique, intellectuel, psychologique)* **réel ou imaginaire**".

Le complexe d'infériorité, comme la majorité des complexes d'ailleurs est lié à un manque d'estime de soi. Les personnes qui en souffrent, ont la sensation de toujours "**être, avoir ou faire moins bien que les autres**". Même si elles font des efforts pour leur ressembler, elles ne se sentent jamais à la hauteur !
La bonne nouvelle, c'est qu'il existe des solutions pour surmonter cette détresse et ce sentiment d'insécurité.

> **N'AYEZ** PAS PEUR **D'ÊTRE** CRITIQUÉ **C'EST LA PREUVE QUE VOUS DEVENEZ** QUELQU'UN **!**

Les symptômes du complexe d'infériorité

Pour l'avoir vécu personnellement, avoir un complexe d'infériorité est pénalisant à bien des égards. Cela m'a conduit à l'isolement. Je préférais me tenir à distance des autres pour arrêter de me sentir diminuée en leur présence. Ce complexe ne doit pas être pris à la légère car il conduit souvent à la déprime, à l'anxiété et dans le pire des cas à la dépression.

Très souvent les personnes qui éprouvent un sentiment d'infériorité font preuve de **distorsion cognitive**. Que signifie ce mot barbare ? C'est notre tendance à **déformer la réalité** en quelque chose **d'erroné ou de négatif**. Pour savoir si vous souffrez d'un complexe d'infériorité, voici la liste des symptômes les plus fréquents :

- Vous vous concentrez principalement sur des **pensées négatives**. Même quand tout va bien, vous transformez le positif en négatif : "*J'ai obtenu ce job car ils n'ont pas trouvé d'autres candidats disponibles*".

- **Vous utilisez un filtre mental** et tirez des conclusions négatives sans avoir de preuves. "*Ma soeur n'est pas venue faire du shopping avec moi, elle doit m'en vouloir pour quelque chose, c'est sûr* "!

- **Vous êtes perfectionniste**. Ce que vous faites n'est jamais assez bien. "*Mon chef ne validera jamais ma campagne publicitaire car elle n'est pas parfaite*".

- **Vous vous comparez aux autres** en permanence. "*Marie a toujours des meilleurs résultats que moi, c'est normal, elle a fait des études*".

- **Vous regardez la vie des autres** sur les réseaux sociaux et aimeriez être à leur place. "*Mon amie Christine va toujours dans des pays magnifiques avec son chéri. Moi, je reste toute seule à Paris. Je ne mérite pas d'être heureuse, ni de voyager*".

- **Vous n'arrivez pas à dépasser les critiques**. Elles peuvent vous hanter pendant des semaines. Vous ruminez des idées noires sans pouvoir vous arrêter. "*Mon boss m'a dit que je devais être moins discrète lors des réunions. Il a raison, je ne sers à rien*".

- **Vous n'acceptez pas les compliments** car vous ne pensez pas les mériter. "*Mon collègue me dit que je fais du bon boulot. Il doit avoir pitié de moi et souhaite seulement me rassurer*".

- **Vous ne supportez pas la compétition**. "*Mon entraineur pense que nous allons gagner le championnat. Il est vraiment optimiste, car tout le monde sait que nous n'avons pas le niveau. C'est perdu d'avance*".

COMPRENDRE LE SYNDROME
de l'imposteur

Le syndrome de l'imposteur est étroitement lié au complexe d'infériorité. Une personne qui en souffre, **doute en permanence de la légitimité de ses succès** et déteste être au centre de l'attention. Elle vit avec une épée de Damoclès au dessus de la tête. Persuadée de tromper son entourage, elle élabore des stratégies de **défense** pour éviter d'être **démasquée**. Mais ce mécanisme d'évitement génère du stress, des crises d'angoisse et peut être à l'origine d'un burn-out. Ce syndrome ne doit pas être négligé car selon une étude scientifique américaine, 70 % de la population souffrirait au moins une fois dans sa vie de ce sentiment d'imposture. Voici les **5 facteurs** dominants :

La fraude - l'imposture

"Les gens ne me connaissent pas vraiment. Ils me croient plus doué, que je ne le suis. Je ne suis pas à la hauteur, donc je me sens obligé de "frauder", de masquer mes faiblesses".

La pitié

"Les gens savent que je suis une personne fragile. Ils me complimentent car ils ont pitié de moi".

La chance

"Si j'ai réussi quelque chose, c'est uniquement parce que j'ai eu de la chance. Je n'y suis pour rien".

L'entourage

"Si je m'en sors dans ma vie, dans mon job, c'est uniquement grâce à mon entourage. Sans eux, je ne suis rien".

La simplicité

"Ce que j'ai réalisé n'a rien d'exceptionnel. C'était tellement facile que tout le monde peut le faire".

Quelles sont les causes ?

Elles peuvent être multiples. Que notre complexe soit **objectif**, c'est à dire fondé sur **des faits tangibles** ou qu'il n'existe que dans **notre esprit**, il peut engendrer une profonde souffrance. Le complexe d'infériorité peut survenir suite à des lacunes clairement identifiées *(défaut prédominant, difficulté d'apprentissage)* ou des manques avérés *(manque d'argent, faible niveau social)*. Mais, il provient très souvent d'une **mauvaise image de soi** qui engendre une dépréciation, une insatisfaction et une auto-critique constante.

Nous pouvons alors développer des **pensées obsessionnelles**. Nous allons **évaluer**, **juger**, **scruter** dans les moindres détails ce qu'il **nous manque** et **nous différencie de la norme** imposée par la société ou par notre entourage. Nous prendrons la mauvaise habitude **d'amplifier** et **d'exagérer**, *de manière consciente ou inconsciente*, toutes les critiques émises à notre égard et d'en déduire **la preuve irréfutable** que nous avons raison de nous sentir inférieur. Mais tout ceci n'est qu'un jeu de notre esprit, une vision floutée par nos pensées auto-destructrices. Car vous n'êtes pas inférieur, ni même supérieur aux autres, **vous êtes simplement Vous**.

Mais quelle est l'origine de ce sentiment erroné que nous avons de nous-même ?

Comme nous l'avons abordé précédemment, notre entourage joue un rôle clé dans les fondations de notre personnalité et par conséquent, dans notre sentiment d'infériorité.

En grandissant, nous sommes **souvent victimes de la pression que nous impose la société pour atteindre un idéal**. En effet, les médias et les réseaux sociaux véhiculent des images de perfection qui nous conditionnent et auxquelles nous désirons ressembler.

N'oublions pas que la majorité des photos publicitaires sont retouchées. Tout est romancé pour nous vendre du rêve à travers des produits pseudo "magiques". Rappelons également, que les magazines féminins nous proposent chaque année, de nombreux régimes révolutionnaires.

Mais s'ils tenaient leurs promesses, pourquoi en proposer toujours de nouveaux ? *Pour mincir, il faut avant tout reprogrammer son mental, avant de s'intéresser à ce que nous mettons dans notre assiette...*

Il est donc crucial de cesser d'être influencé par toute cette poudre aux yeux et de définir vos propres critères... Ceux qui vous rendent véritablement heureux.

J'affectionne particulièrement cette citation d'Eleanor Roosevelt :
"**Personne ne peut vous faire sentir inférieur, sans votre consentement**".
Pour vous libérer de vos complexes quels qu'ils soient, il est important de prendre conscience que c'est vous et vous seul, qui laissez les autres *(ou la société)* **prendre l'ascendant sur vous**.

Vous êtes responsable de ce que vous ressentez et de ce que vous vivez. Quand vous êtes face à une situation où vous vous sentez rabaissé ou inférieur, faites place au silence, puisez en vous et recherchez votre lumière.

Si vous décidez de ne plus écouter le **monde extérieur** mais de vous focaliser sur votre **monde intérieur** *(votre état d'esprit, votre mental, vos émotions)* vous construirez une **véritable forteresse mentale**.

SECRET DE RÉUSSITE N°9

La douleur est inévitable mais **la souffrance est optionnelle**. Une critique peut vous faire du mal, mais elle ne doit pas vous anéantir.

Votre conditionnement

Nous commettons tous des erreurs, nous vivons tous des chagrins d'amour dévastateurs, nous avons tous des moments de déprime... Mais c'est **l'interprétation** que vous en faites, qui va définir, si ces expériences vont **vous faire progresser et devenir meilleur**, ou au contraire, si elles vont **vous torturer**.

Aujourd'hui, j'aimerais que vous réalisiez que **vous avez le choix**.

Soit vous continuez à vous dévaloriser, soit **vous vous laissez une chance d'être heureux** en reprenant le contrôle de vos pensées, en les défiant au quotidien et en les remplaçant de manière automatique, par des pensées positives qui vous aident à **vous construire** et à **vous épanouir** !

Vous devez **endurcir votre mental**. Cela signifie qu'il faut vous fabriquer de la "corne sur votre cerveau" de la même manière qu'un athlète se crée de la "corne sur la paume des mains" en allant au delà de ses limites personnelles. Cela demande de la volonté et des efforts mais tout le monde peut se dépasser et devenir plus fort ! *(Nous y reviendrons en détail au chapitre 3)*.

Pour surmonter votre complexe d'infériorité, je vous propose de mettre en place 5 mesures simples qui vont restructurer votre cerveau et consolider une saine estime de vous.

5 CONSEILS POUR SE
libérer du complexe d'infériorité

5 CONSEILS
essentiels

Conseil 1

Valorisez vos atouts.

Vous êtes aujourd'hui **le résultat de vos pensées**. Lorsque vous vous sentez inférieur aux autres, vous vous concentrez sur vos défauts et non sur vos qualités. Si vous désirez changer et vous sentir plus confiant, il vous suffit de transformer chaque pensée négative, en pensée positive en vous focalisant sur tout ce que vous aimez chez vous. Reprenez la séance n°5 et valorisez vos qualités, vos valeurs, vos talents, vos forces, ainsi que vos attributs physiques...

Conseil 2

Arrêtez de vous mettre la pression et lâchez prise.

Un jour, j'ai demandé à une amie qui était au régime depuis 10 ans : "Comment te sentirais-tu, si tu arrêtais de vouloir être mince à tout prix ?" Elle m'a répondu : "Ce serait le paradis..." Ce fut un déclic. Elle a pris 2 grandes décisions :
1- Elle a décidé de s'aimer avec ses magnifiques "rondeurs".
2- Elle a arrêté les régimes et a suivi les conseils d'une naturopathe. Elle se sent enfin bien dans son corps...

Conseil 3

Cultivez la gratitude.

En étant reconnaissant pour toutes les choses merveilleuses que la vie vous offre au quotidien *(un message d'une amie, le sourire de votre enfant)* vous allez prendre de la hauteur et renforcer votre sentiment de confiance. Notez tous les soirs sur un cahier, les 3 choses qui vont ont fait du bien et remerciez la vie pour ces cadeaux si précieux.

Conseil 4

Osez être vous-même.

Cessez d'avoir honte de votre différence et utilisez-là **comme tremplin pour vous démarquer**. Certains mannequins grande taille ont décidé de capitaliser sur leurs différences pour se faire repérer et casser les codes. Faites-en autant ! Soyez fier d'être vous.

Conseil 5

Faites une détox digitale.

Faites le tri de tout ce qui vous pollue et favorise votre sentiment d'insécurité. Rangez dans un placard votre balance, désabonnez-vous des profils de "hit-girls" sur Instagram et arrêtez de lire les magazines féminins pendant quelques jours, pour enfin souffler et oublier les diktats !

Témoignage de Matéo

Matéo est un des lecteurs de mon livre "**Changer sa vie en 21 jours**".

Dans un des exercices, je propose de "prendre 1 risque par jour". Matéo se lance alors le défi de prendre contact avec moi. Il m'explique dans un magnifique message que mon livre l'a aidé à croire en lui et en ses rêves.

Je suis tellement touchée par son récit que nous échangeons de nombreux messages. Et au coin d'une confidence, il me raconte son histoire, si bouleversante.

Ce jeune homme de 27 ans a eu le courage de changer de sexe pour pouvoir enfin se sentir libre et mener la vie qu'il désirait depuis toujours.

Avant sa transition, il est incapable de se sentir à sa place dans ce monde. Il refoule au fond de lui, le fait qu'il est un homme dans le corps d'une femme.

Son enfance est marquée au fer rouge par un mal-être omniprésent. Il est victime de moqueries et se fait harceler à plusieurs reprises. Il est difficile d'exprimer avec des mots, le cataclysme émotionnel qu'il traverse.

Sa vie ressemble à un naufrage et plus le temps passe, plus il dépérit. Il est submergé par la peur et des émotions destructrices.

Il me raconte qu'il vivait une torture physique et psychologique, au quotidien. C'était tellement pesant, qu'il se sentait illégitime et surtout indigne de mériter le respect des autres.

Mais un jour, Matéo atteint **son seuil de tolérance à la douleur**. Il ne veut plus ressentir ce sentiment d'infériorité qui le dévore à petit feu. En quelques semaines, il prend la décision de transformer sa vie. Il entame une transition pour passer de chenille *(une femme)* à papillon *(un homme avec un grand H)*. Il se fait opérer et sa vraie vie commence enfin. Bien sûr, sa route n'est pas des plus simples. Il continue de subir des jugements négatifs de "Haters"... mais il s'en détache rapidement, car **il se sent enfin à la hauteur de n'importe quelle autre personne sur cette terre**.

À retenir

L'incroyable destin de Matéo, nous enseigne qu'il est indispensable de vivre pour nous, de suivre notre chemin, coûte que coûte. Nous devons garder à l'esprit que nous méritons le respect et que nous sommes **tous** à la même hauteur que les autres. **Nous sommes uniques et notre différence est une étincelle qu'il faut mettre en lumière et non ensevelir !**

Exercice

09

En finir avec ses complexes

Et si aujourd'hui, vous mettiez vos complexes au placard ! Il est temps d'arrêter de porter un masque et d'essayer de camoufler vos défauts. Voici un exercice en **5 étapes** pour modifier le regard que vous portez sur vous-même et vous aider à vous accepter.

1- Faites la liste de l'ensemble de vos complexes.

Notez tous les mots qui vous viennent à l'esprit pour traduire vos complexes physiques, intellectuels, psychiques. *Ex : Je suis trop petit*...

2- Identifiez l'origine de vos complexes. Quelles phrases vous ont blessé au point de vous complexer ?

Prenez le temps nécessaire pour répondre à cette question car elle est déterminante dans votre processus de guérison. Indiquez les mots qui vous ont heurté, rabaissé, dénigré. *Ex : Tu es incapable de réussir. Tu es trop maigre. Aucun homme ne voudra de toi*... Et précisez la date des faits.

3- Indiquez quelles sont les personnes à l'origine de vos complexes ?

Précisez leur intention à votre égard. Vous ont-elles critiqué délibérément ou non ? N'ayez pas honte d'écrire que votre mère, vous a répété toute votre enfance que vous deviez maigrir, par exemple. Vous n'êtes pas là pour juger mais uniquement pour vous libérer. Indiquez si ces personnes vous ont rabaissé, dénigré, harcelé.

4- Décortiquez vos émotions. Posez-vous les questions suivantes : "Qu'est-ce qui me blesse dans ces paroles ? *Et pourquoi ?* Quelles émotions cela provoque en moi ?" En face de chaque complexe, prenez soin de noter l'émotion associée. Ressentez-vous un sentiment de : colère, haine, tristesse, culpabilité, injustice, peur, rejet, trahison, humiliation ?

5- Apportez la preuve du contraire. À présent, il est temps de trouver des solutions pour stopper votre mal-être. Nous allons procéder à un jeu de rôle. Imaginez que vous êtes un brillant avocat qui doit plaider devant le juge, pour défendre une personne qui souffre de nombreux complexes *(les vôtres en particulier)*. Vous devez trouver toutes les preuves qui réfutent chaque argument de la plaignante. À cette fin, reprenez chacun de vos complexes et prouvez que : 1- Ce n'est pas une vérité absolue : **Il s'agit d'une croyance et non d'une réalité**. 2- Ce n'est pas si grave : Certaines personnes vivent très bien ainsi et n'éprouvent aucune souffrance.

Surmonter sa timidité

Nous allons à présent, aborder un thème qui me touche particulièrement : **La timidité**. Qu'elle provienne d'une image de soi négative, d'un manque d'expérience en société ou d'un blocage, la timidité est **un frein à l'épanouissement personnel** et a un lien direct avec le manque de confiance en soi.

Elle touche particulièrement les personnes **hypersensibles** qui vont ressentir de nombreuses gênes en présence d'autrui : *mains moites, joues rouges, trac, incapacité à parler*. Leurs émotions les tétanisent et les immobilisent. Elles se sentent alors, comme prises au piège dans un étau et aimeraient se cacher dans un trou de souris. Il leur est difficile, voire impossible, de prendre la parole pour exprimer leurs points de vue.

Si vous êtes timide, surtout rassurez-vous. Sachez que vous êtes loin d'être seul. Des études ont démontré que 30 à 40 % de la population souffre d'une **timidité légère** à **extrême** et a du mal à la surmonter.

Comme vous le savez, j'ai souffert de **timidité maladive** pendant toute ma jeunesse, au point de me mettre à pleurer dès qu'on m'interrogeait à l'école. J'ai vécu un véritable calvaire. "*Mais ça, c'était avant !*"

Vous vous demandez certainement comment j'ai pu en guérir ?
J'ai travaillé sur **mon mental**, sur **les causes de mon anxiété** et je me suis créée une **trousse anti-stress** pour **surmonter chaque situation difficile** !

"
L'AVIS
DES AUTRES,
C'EST LA VIE
DES AUTRES !

DE LA ZONE DE CONFORT
à la zone de Bonheur

En tant que timide, vous préférez rester dans votre **zone de confort** et l'idée même de toucher du doigt la **zone de peur** vous semble impossible ! L'ancienne timide qui sommeille en moi ne peut que vous comprendre... Mais, je sais également que vous avez en vous, toutes les capacités nécessaires pour escalader ce magnifique iceberg et accéder à votre **zone de bonheur**. Suivez le guide !

Cueillez le bonheur

 04 Zone de bonheur

Vous avez vaincu vos peurs et votre timidité. Vous réalisez vos rêves. Vous ressentez de la joie et du bien-être au quotidien.

Prenez des risques

 03 Zone d'apprentissage

Vous avez confiance en vous et en vos talents. Vous prenez des risques et relevez des défis.

Cultivez le lâcher prise

 02 Zone de peur

Vous avez peur du regard des autres et de l'inconnu. Vous vous trouvez des excuses et évitez certaines situations.

Acceptez le changement

 01 Zone de confort

Vous êtes en sécurité et gardez le contrôle sur votre environnement. Votre vie est rythmée par des routines et des habitudes rassurantes.

LE CONSEIL du jour

Prenez soin de lire ce schéma et revenez-y régulièrement pour mesurer votre évolution. Gardez à l'esprit que vous êtes capable de plus, que vous ne l'imaginez aujourd'hui.

Dans cette séance, nous allons essayer de comprendre les circonstances qui déclenchent **votre sentiment d'insécurité**, pour vous permettre de **sortir de votre coquille**.

Bien sûr, vous ne serez pas guéri d'un coup de baguette magique. Mais si vous vous y mettez dès aujourd'hui, **avec du temps et quelques efforts**, vous pourrez vous délivrer de cette sensation d'inconfort et d'immobilisme, plus rapidement.

Comment définir la timidité ?

Selon Arnold H. Buss, chercheur de l'université du Texas, la timidité peut être définie comme **une gêne** en présence des autres, **une inhibition** ou **un sentiment d'inconfort**.

Les personnes timides ont tendance à tenir les autres à distance. Elles préfèrent s'isoler et font de leur mieux, pour éviter les interactions sociales. Elles privilégient la solitude et préfèrent passer du temps avec un petit cercle d'amis. Pour une personne timide, chaque sujet de conversation peut devenir une source d'angoisse et lui faire perdre ses moyens *(même s'il ne s'agit que d'échanger sur la météo du jour, par exemple)*.

La timidité s'accompagne d'**une peur viscérale** d'être jugée et de ne pas savoir comment se comporter en public. Outre les symptômes physiques, que nous avons abordés en introduction, cette peur peut engendrer **des problèmes psychiques** comme l'insomnie, des crises d'angoisse, des problèmes d'élocution *(bégaiement)* qui peuvent accroître le sentiment d'inconfort de la personne timide.

SECRET DE RÉUSSITE N°10

Apprenez à construire **des ponts** et non **des barrages** avec les autres. La traversée de votre vie n'en sera que plus belle !

Les causes de la timidité

La timidité peut avoir 3 causes majeures :

1. L'environnement familial : L'éducation parentale et l'atmosphère familiale ont une grande incidence sur la timidité :

- Les parents "**surprotecteurs**" peuvent empêcher leurs enfants de vivre des expériences sociales épanouissantes.

- Les parents "**très affirmés**" peuvent **éclipser** leurs enfants, de part leur présence et leur caractère **extraverti**. Ces derniers auront alors du mal à trouver leur place en société.

- Enfin, certains parents peuvent **dénigrer** leurs enfants (comme nous l'avons vu à la séance 9) et créer en eux un blocage qui les empêchera par exemple de se sentir à l'aise avec l'autorité.

2. Les évènements traumatiques : De nombreux enfants ayant subi des traumatismes psychologiques (*intimidation, humiliation publique*) ou physiques (*violence, viol*) vont se renfermer sur eux-mêmes et avoir peur des autres. Notons que cela ne concerne pas uniquement les enfants. À l'âge adulte, nous pouvons également être victime de harcèlement ou d'autres violences.

3. Les traits de caractère : Les enfants **introvertis**, **hypersensibles**, **angoissés** vont accorder une grande importance aux critiques et pourront être plus facilement fragilisés.

Les effets de la timidité

À force de vous répéter en boucle que vous ne méritez pas qu'on vous regarde, que vous n'êtes pas digne d'intérêt, vous vous privez de nombreuses opportunités, que ce soit dans le domaine professionnel ou privé. Vous préférez :

- Annuler des sorties au dernier moment (restaurant, cinéma, café).
- Ne pas oser demander de l'aide quand vous en avez besoin.
- Ne pas accepter une promotion ou une augmentation de salaire.
- Vous couper du monde et être très peu entouré...

66 *Un état d'esprit confiant vous aide non seulement à vous délivrer de vos chaînes, mais aussi à "pulvériser" chacune de vos peurs...*

Maintenant que nous avons vu les causes et les effets de la timidité, examinons **les moyens de la surmonter**. Nous allons nous concentrer dans les prochains jours, sur les axes d'amélioration suivants :

- Réduire votre hypersensibilité.
- Accepter vos échecs et les transformer en forces.
- Arrêter de vous **autoflageller** et en finir avec l'auto-critique.
- Calmer vos peurs, vos doutes en vous préparant comme les champions, à chaque situation stressante ...

Les étapes à suivre pour vaincre sa timidité

Comprendre l'origine de votre timidité : En un premier temps, il est essentiel de déterminer **la racine** de votre timidité pour mieux vous connaître. Choisissez parmi ces **4 suggestions** :

1- Vous souffrez d'une faible image de vous. 2- Vous ne vous estimez pas à votre juste valeur et n'acceptez pas les compliments. 3- Vous avez peur du jugement. 4- Vous n'arrivez pas à décoller votre étiquette de timide.

Déterminer vos déclencheurs : Notez ensuite les situations qui provoquent votre timidité. "Dans quelle situation ressort-elle ? Est-ce quand vous êtes en société ? Quand vous demandez de l'aide à quelqu'un ? Ou tout le temps ?" Ces questions sont importantes car **notre degré de timidité** évolue en fonction des situations auxquelles nous sommes confrontés. La clé est de savoir ce qui déclenche votre stress et vous met dans l'embarras.

Identifier vos symptômes : Listez les signes de votre timidité *(mains moites, blocages, tremblements)*. Soyez le plus précis possible. Puis, identifiez des solutions palliatives ou curatives, pour diminuer chaque symptôme.

Reconditionner votre mental : Notre cerveau fonctionne comme un ordinateur interne. Nous sommes programmés pour réagir face à des stimulus. Tant et si bien, que lorsque nous ressentons une situation à risques, nous allons vouloir nous protéger. Mais, dans le cas d'une personne timide, ce désir de protection va l'enfermer d'autant plus dans sa timidité. Il est donc nécessaire d'appuyer sur **la touche** "**Reset**" de votre ordinateur pour le **reprogrammer**.

Ainsi, dès que vous identifierez une nouvelle source de stress, au lieu de vous cacher, essayez par tous les moyens de convertir **ce signal en ACTION**. Commencez par respirer et vous redresser. Au fil du temps, vous pourrez transformer chaque "petit pas" en "pas de géant".

Lancez-vous des défis : Je sais que pour certains d'entre vous, cela semble extrêmement difficile, alors voici mon petit conseil : "**Faites semblant jusqu'à ce que vous y arriviez**".

Les neurosciences ont démontré qu'en faisant "**comme si**" vous aviez déjà confiance en vous, vous dupez votre cerveau. En lui envoyant ce message, il va avoir la certitude que cela est vrai et agir en conséquence. Faites-en l'expérience, vous allez être surpris !

6 CONSEILS POUR
aller plus loin

6 CONSEILS
Essentiels

Les pistes que je vous propose ici sont très faciles à mettre en oeuvre. Je compte sur vous pour ne pas en faire l'impasse.

Préparez vos rendez-vous

Avant de vous rendre à une fête ou à un RDV, prenez le temps de rechercher des sujets d'actualité et préparez une liste de points à aborder. Je sais que cela peut paraître surprenant, mais je vous assure que vous vous sentirez plus à l'aise en étant préparé. Choisissez uniquement des sujets qui vous intéressent et qui permettent une interaction avec les autres. Vous pouvez par exemple faire la liste des meilleures séries Netflix. N'ayez pas peur des préjugés. Le but est simplement d'avoir **un réservoir d'idées** pour répondre aux questions ou lancer des sujets de conversation.

Dédramatisez

Acceptez vos petites faiblesses. "Vous avez bégayé, vous vous êtes mis à rougir et alors" ! Si vous n'y accordez pas d'importance, les autres en feront autant.

Vous connaissez l'adage : "Tout ce qui ne nous tue pas, nous renforce". Cela doit être votre nouvelle devise, pour ne plus jamais avoir honte de vous.

Récompensez-vous

Je vous invite à garder une trace écrite de vos succès. J'ai pour habitude de faire un bilan mensuel de mes réalisations. Je note dans un tableau, mes objectifs d'un côté et mes succès de l'autre. Être capable de regarder ses progrès est un excellent moyen pour rester motivé et poursuivre ses efforts. Enfin, pour chaque victoire, prenez l'habitude de vous récompenser avec un petit cadeau. Vous enseignerez à votre cerveau que chaque défi relevé est synonyme de plaisir et de joie.

Soyez bienveillant

La timidité ne peut être vaincue du jour au lendemain, mais ce qui compte c'est d'avancer, jour après jour. Soyez positif et tendre envers vous-même. Prenez soin de vous féliciter, de vous encourager pour chaque "petit pas" accompli avec succès.

Sachez vous mettre en valeur

Le sentiment de confiance peut se renforcer facilement en améliorant notre apparence. Portez des vêtements qui soulignent vos atouts, maquillez-vous pour illuminer votre regard... Pratiquez une activité sportive pour vous sentir bien dans votre peau. Bref, sublimez-vous !

Témoignage de Sophie

Un jour, une de mes clientes me demande de rencontrer sa fille Sophie, qui souffre de timidité excessive. Lors de notre premier RDV, nous travaillons sur ses blocages. Très vite, je lui explique que la seule solution pour vaincre sa timidité est de quitter sa zone de confort pour aller **apprivoiser ses peurs**. Pour l'accompagner en douceur, je lui propose de relever un premier **challenge**.

Comme elle s'habille exclusivement en noir, dans le but de passer inaperçue, je lui demande de porter des vêtements colorés, **un jour par semaine**.
Elle me répond que cela lui semble impossible. Même avec la meilleure volonté du monde, elle n'osera jamais.
Je sais à quel point le moindre petit changement peut paraître insurmontable. C'est pourquoi, je lui propose de commencer cette "mission" un dimanche, quand elle est chez elle, à l'abri des regards. Puis de choisir un autre jour, dès qu'elle se sentira en confiance. Je lui précise également que tant qu'elle n'aura pas relevé ce premier défi, nous mettrons notre coaching sur "pause".

Je reçois son appel un mois plus tard. Je lui propose alors de me retrouver dans un café, en lui demandant de porter une tenue très extravagante.
Quel plaisir de la voir arriver avec une veste léopard, un chapeau et un sac rouge ! *(Elle avait dévalisée l'armoire de ses amies).* Elle était rayonnante !

Sophie a pris conscience que "**la journée en couleurs**" lui a permis d'explorer une nouvelle facette de sa personnalité, d'embrasser ses peurs et de reprendre confiance en elle. Elle avait d'ailleurs été surprise de recevoir autant de compliments sur son nouveau style haut en couleur !

N'oubliez pas que la timidité est **un blocage** et non un trait de personnalité **permanent**. Vous avez le pouvoir de changer et de vous libérer. Pour cela, je vous propose de découvrir **le modèle ABC**, issu de **la thérapie cognitive**.
Il permet d'analyser nos pensées **automatiques** dans le but de les modifier.

L'exercice du jour va vous demander une grande dose de courage, mais je sais que vous en êtes capable. Après chaque défi proposé, utilisez le modèle ABC et posez-vous ces questions :
(A = situation) : Identifiez le déclencheur. Qu'est-ce qui m'a stressé ?
(B = croyance) : Quelle interprétation ou perception en ai-je eu ?
(C = conséquence) : Quelles conséquences cela a-t-il eu dans ma vie ?

Mon accélérateur de liberté

Vous le savez, il ne suffit pas de vouloir qu'une situation change pour qu'elle s'améliore d'un coup de baguette magique... Il faut passer à l'action, s'exercer, échouer *parfois*, mais surtout **s'entraîner** ! Voici un exercice qui vous permettra de sortir progressivement de votre timidité :

- Dressez **le palmarès** des situations les plus angoissantes pour vous : Identifiez les situations que vous redoutez le plus et qui renforcent votre timidité. *Exemple : Faire un compliment à un collègue. Poser une question à quelqu'un. Accepter une invitation. Proposer un RDV. Émettre une critique envers un proche. Refuser de rendre un service...*

- Évaluez **votre niveau d'angoisse** face à chacune de ces situations. Sur une échelle de 0 à 10, notez 0 : "Une absence d'appréhension" et 10 : "Une peur panique", par exemple.

- **Exposez-vous graduellement**. Rassurez-vous, je ne vais pas vous demander l'impossible. L'objectif est d'avancer progressivement. Vous pouvez commencer par "les situations les plus simples". Ensuite, **déplacez le curseur** sur les "situations délicates". *Réessayez tant que vous n'avez pas réussi à relever les défis.* Enfin, exposez-vous aux "situations difficiles". **Sachez que chaque réussite vous encouragera à franchir les étapes suivantes**. *Je vous engage d'ailleurs à prévoir un cadeau spécifique pour chaque challenge à relever (cf page 80). Pour ma part, cela m'a aidé à me dépasser quand je tremblais devant l'obstacle.*

- **Évaluez vos progrès**. Notez dans votre journal de bord, l'ensemble des peurs que vous avez surmontées et les émotions que vous avez réussies à maîtriser.

Sachez que **l'exposition répétée** entraîne toujours une **diminution de l'appréhension**.

Toutefois, si vous éprouvez des difficultés à faire cet exercice dans sa globalité, ne vous formalisez pas. Allez-y à votre rythme, mais n'abandonnez pas. Nous pouvons tous, sortir de notre coquille, avec de l'entraînement.

Il n'y a pas une recette toute faite, ni une seule manière d'y parvenir.

Un bon moyen cependant, est de choisir de faire pendant un certain temps, ce que vous évitez habituellement !

Apprendre à dominer ses peurs

Nous venons de voir à quel point il est important d'apprivoiser nos peurs pour accroître notre confiance et vaincre notre timidité. J'aimerais rappeler, qu'il est tout à fait normal de ressentir de la peur, à certains moments de notre vie. Nous pouvons avoir peur du vide, de perdre notre emploi ou même l'être aimé.

À certains égards, la peur est une **réponse saine**, **naturelle** et **instinctive** face à un danger "réel ou hypothétique". Notre cerveau va alors sécréter une hormone *(l'adrénaline)*, nous permettant d'être réactif et de nous défendre.

Cependant, pour les personnes qui souffrent d'un manque de confiance chronique, la peur fait partie intégrante de leur quotidien. Elle s'est **enracinée** dans leur cerveau et les maintient dans une **pression asphyxiante**.

Quelle en est la cause ? À la naissance, nous sommes pourtant tous égaux. Nous disposons d'un "**Capital confiance**" **illimité**. Nous allons apprendre à marcher, à tomber, puis à nous relever avec confiance et détermination... Nous savons au plus profond de nous, que nous allons réussir à nous mettre debout, et nous maintenons nos efforts jusqu'au succès.

Pourtant à l'âge adulte, il suffit parfois d'un petit grain de sable, pour que notre confiance en nous s'effondre comme un château de cartes. Le moindre évènement déstabilisant nous fait **vaciller** et perdre nos repères.

Au fil du temps, sans y prêter attention, nous laissons pousser **ces petites graines de doute et de peur** dans notre esprit et nous faisons tout, pour ne plus y être confronté. Mais cela ne nous rend pas service. Car, plus nous essayons d'éviter nos peurs, plus nous les renforçons.

> **"**
> TOUT CE QUE VOUS
> AVEZ TOUJOURS VOULU
> SE TROUVE
> AU-DELÀ DE LA PEUR.
>
> GEORGE ADDAIR

LE POIDS
de nos peurs

À travers ce schéma, je vous propose de mieux comprendre comment la peur peut nous désarçonner et entacher notre confiance en nous. Face à une situation inhabituelle ou inconnue, notre cerveau va émettre un signal d'alarme et imaginer divers scénarios catastrophes. Nous sommes alors traversés par un torrent de pensées négatives. Une décharge émotionnelle nous envahit, perturbe notre équilibre et nous fait perdre nos moyens.

Le stimuli

Une situation inhabituelle, inconnue ou stressante va perturber notre équilibre émotionnel.

La peur

Notre cerveau va envoyer un signal d'alarme pour nous prévenir et tenter de nous prémunir du danger.

Perte de confiance

Face à cette décharge de pensées et d'émotions négatives, nous perdons nos moyens et sommes incapables d'agir.

Pensées anticipées

Nous allons imaginer les pires des scénarios. Un sentiment de panique va nous envahir.

LE CONSEIL
du jour

N'oubliez pas que nos peurs n'ont que **la puissance** que nous leurs accordons. Il convient donc de faire un travail sur vos peurs pour apprendre à relativiser *(cf p.89)*.

L'essentiel n'est pas de vouloir affronter nos peurs à tout prix, mais d'apprendre à **les apprivoiser en douceur**. La sagesse nous enseigne que le combat ne mène à rien. Il est toujours plus appréciable de rechercher la paix. C'est la raison pour laquelle, il faut considérer chacune de vos peurs comme **une alerte positive**. Dorénavant, dès que vous éprouverez une angoisse, un stress intense, ne cédez plus à la panique. Arrêtez-vous quelques instants, pour prendre le temps d'analyser ce qui **perturbe votre équilibre émotionnel**. Puis, demandez-vous quelles **aptitudes ou attitudes** vous permettraient de dépasser votre peur. Car, quand on regarde de plus près, on réalise que nos peurs sont souvent liées à un **manque de connaissances**, face à **l'inconnu**.

En comblant vos lacunes, en vous formant, en développant **de nouvelles compétences**, vos peurs vous sembleront soudain plus faciles à surmonter... et vous vous sentirez plus confiant. À méditer !

La peur est l'ennemie de la confiance en soi

La peur a joué un rôle important dans l'évolution de l'Homme. Elle a permis à nos ancêtres, à l'ère préhistorique, de **survivre aux menaces physiques**. Mais aujourd'hui, elle est devenue **l'ennemie** de notre confiance et de notre épanouissement personnel.

De nombreuses personnes ont tellement peur qu'elles préfèrent abandonner leurs rêves, avant même de commencer à faire le premier pas.

Il est important de rappeler que nos peurs ne sont que **des projections mentales qui n'existent que dans notre esprit**. Elles sont souvent le fruit de notre imagination. Nous formulons **l'hypothèse** que quelque chose "pourrait" se produire. **Mais dans 95% des cas**, rien ne se passe, à part le film qui se déroule dans notre tête. *Nous nous laissons donc paralyser par un dragon qui ne crache presque jamais de feu* !

Il a été démontré que notre cerveau n'est pas capable de faire la différence entre **une menace réelle ou imaginaire**. Face à un danger, même hypothétique, il va s'inscrire dans un mécanisme de protection et adopter 3 réflexes instinctifs **: la lutte**, **l'immobilisme** ou **la fuite**.

Mais quelles sont nos peurs fondamentales ?

De nos jours, les peurs les plus répandues sont la mort, la vieillesse, le manque d'argent, le rejet, la solitude et la peur de l'échec.

La peur de l'échec peut être responsable de notre perte de confiance. Mais avant de nous concentrer sur cette peur et ses dommages collatéraux, j'aimerais que nous abordions une peur moins connue, mais tout aussi néfaste à notre croissance. Il s'agit de **la peur du succès**.

La peur du succès

"Comment peut-on avoir peur du succès ?" C'est une question que l'on me pose souvent en séances de coaching. Il est vrai que cela peut paraître difficile à comprendre, car le succès est une chose que nous semblons tous rechercher. Dès notre enfance, nous sommes d'ailleurs conditionnés pour réussir. Le système éducatif nous récompense avec des bons points, nos parents nous encouragent à donner le meilleur de nous-même et la société met à l'honneur les figures de réussite.

Pourtant, de nombreuses personnes ont peur du succès. Pour être plus précise, elles ne craignent pas le succès en lui-même, mais **les conséquences qu'il peut induire dans leur vie**.
Le prix à payer peut leur paraître tellement lourd à porter *(par les sacrifices qu'il implique)*, qu'elles préfèrent s'auto-saboter, plutôt que d'accéder à la réussite.

> *Un état d'esprit confiant vous aide non seulement à vous délivrer de vos chaînes, mais aussi à "pulvériser" chacune de vos peurs...*

Les caractéristiques

La peur du succès n'est pas toujours facile à diagnostiquer car ses caractéristiques sont très souvent apparentées à un manque d'ambition ou à de la procrastination, plutôt qu'à un manque de confiance en soi. Pour savoir si vous êtes concerné par cette peur, voici des signaux à repérer :

- Vous avez tendance à abandonner, juste quand vous êtes à deux doigts du succès. *Craignant de devoir assumer de nouvelles responsabilités ou de changer votre mode de vie, vous choisissez d'avorter certains projets.*

- Vous vous intéressez plus aux obstacles à franchir qu'aux actions à mener. *En canalysant votre énergie sur les problèmes, vous freinez votre progression !*

- Vous n'êtes pas très ambitieux. Vous préférez mener une vie simple et ordinaire et vous contenter d'un job correct. *En ayant des attentes de vie plutôt modestes, vous vous assurez de ne jamais sortir de votre zone de confort.*

- Vous ne désirez pas avoir les projecteurs braqués sur vous et être le centre de l'attention. *Vous vous complaisez dans l'anonymat, même si vous avez conscience que cela vous prive de nombreuses opportunités.*

D'où provient cette peur ?

Beaucoup de personne ont grandi au sein de familles qui les encourageaient à se dépasser et à réussir. À chaque succès, elles recevaient des félicitations ou des éloges.

Hors, comme nous l'avons vu, tout le monde n'a pas eu cette chance. Certains parents, *souvent en raison de **leur propre insécurité***, ont une réaction inverse. Ne supportant pas de voir leurs enfants réussir *et dans certains cas être meilleurs qu'eux*, ils vont les rabaisser et parfois même les rejeter. Cette attitude a **un effet destructeur** sur l'assurance et l'estime de ces enfants en plein développement.

C'est pourquoi à l'âge adulte, ces derniers préféreront garder le silence sur leurs succès. Certains iront même jusqu'à **l'éviter volontairement** pour ne pas subir à nouveau, des remarques négatives ou démotivantes, de la part de leurs proches.

SECRET DE RÉUSSITE N°11

Prenez toujours de la hauteur. Vous êtes **plus fort** que vos problèmes et **plus grand** que vos peurs.

La peur de l'échec

La peur de l'échec constitue le plus grand obstacle au développement de la confiance en soi. Cette peur est aussi appelée **Atychiphobie**.

Elle se matérialise par une peur **irrationnelle** et **incontrôlable** de passer à l'action. Les personnes qui en souffrent, pensent **être condamnées à échouer** tout ce qu'elles entreprennent.

Persuadées à l'avance qu'elles n'ont aucune chance de réussir, elles vont mettre en place **divers stratagèmes pour éviter la douleur, les déceptions ou même l'embarras**.

La peur de l'échec peut se manifester de différentes façons :

- Vous procrastinez (*vous repoussez tout au lendemain*) pour tenter de gagner du temps et éviter de vous confronter aux échéances.
- Vous ne prenez aucun risque, par peur d'être déçu ou de décevoir les autres.
- Vous vous découragez à la moindre difficulté.
- Vous sous-estimez vos capacités car vous êtes convaincu de ne pas être à la hauteur.
- Vous abandonnez en plein milieu d'un projet, car vous doutez de vos compétences.

 La conquête de la peur est le commencement de la sagesse.
~ Bertrand Russell.

Comment surmonter cette peur de l'échec ?

Sachez tout d'abord, que la peur de l'échec peut toucher chacun d'entre nous. De nombreux dirigeants à qui tout semble réussir, ne sont pas épargnés. Ils se montrent parfois même très frileux à l'idée d'échouer.

Néanmoins, une petite poignée de la population semble **immunisée** contre l'échec. Ces personnes possèdent **une force intérieure** qui leur permet de puiser dans chaque échec, une source d'apprentissage et de croissance. Bien sûr, elles connaissent des revers comme vous et moi, mais ne leurs accordent jamais un caractère tragique. Au contraire, elles considèrent l'échec comme une étape nécessaire qui les rapproche du succès.
Ces personnes font preuve de résilience : elles savent en leur fort intérieur, que quoi qu'il se passe, elles seront toujours capables de **rebondir**. Pour elles, l'échec fait parti de leur construction personnelle. Il est devenu **un moteur**, **une traction**, pour avancer.

À ce titre, j'aimerais partager avec vous, 2 citations qui illustrent parfaitement ce thème :

"Le succès, c'est d'aller d'échec en échec, sans perdre son enthousiasme." Winston Churchill, *ancien Premier ministre du Royaume-Uni.*
"L'expérience, c'est le nom que chacun donne à ses erreurs." Oscar Wilde.

Il est temps d'affronter vos peurs et de changer d'état d'esprit.
Arrêtez de penser que tout est impossible et poussez enfin les portes du **royaume du possible**.

Je me libère enfin !

Il est impensable de vivre une vie sans peurs, mais nous venons de le voir, il est tout à fait envisageable de les utiliser comme **levier de notre évolution**. En apprivoisant vos peurs, vous allez véritablement redorer votre confiance. Plus apaisé, vous vous sentirez prêt à prendre des risques. Cela aura un impact sur vos comportements et votre manière d'envisager la vie.

Si vous vous sentez prêt à prendre un nouveau départ et à travailler sur vos peurs, je vous invite à réaliser cet exercice de libération.

- **Étape 1.** Prenez le temps nécessaire pour énumérer l'ensemble de vos peurs. Ne vous souciez pas de leur importance. L'objectif ici, est de dresser un état des lieux de tout ce qui vous empêche d'avancer.

- **Étape 2.** Une fois cette liste réalisée, répondez à cette première série de questions :

1. Quelles sont vos 3 plus grandes peurs ?
2. Comment se manifestent-elles ?
3. Sont-elles omniprésentes dans votre vie ou apparaissent-elles à des moments précis ? À quel moment ?
4. Comment vous bloquent-elles ?

- **Étape 3.** À présent, je vous propose de vous projeter dans un avenir proche et d'imaginer les différents scénarios susceptibles de se réaliser.

Répondez à ces questions :

1. Est-ce que vos peurs se sont déjà matérialisées ? Si oui, comment ?
2. Quelle est la pire chose qui puisse vous arriver ?
3. Si cela se produit vraiment, est-ce si grave ? Si oui, à quel point ?
4. Est-ce que cette situation pourrait véritablement se produire ?
5. Que pourriez-vous faire pour l'éviter ? Quelles solutions devriez-vous mettre en place ? Quel serait votre plan B ?
6. Que pourrait-il se passer de positif si vous affrontez vos peurs ?
7. Que pouvez-vous faire pour qu'un scénario positif se produise ?

En répondant à ces questions, vous avez certainement pris conscience de deux éléments essentiels :

1. Dans la majorité des cas, nos peurs sont liées à un danger imaginaire.
2. Si le danger est réel, vous ne devez pas l'envisager comme un scénario catastrophe mais vous y préparer et agir en conséquence.

Savoir relativiser ses échecs

Pour compléter notre séance d'hier, nous allons nous intéresser aujourd'hui aux **vertus de l'échec**. Contrairement aux idées reçues, **l'échec n'est pas une preuve irréfutable de notre incompétence**... c'est au contraire, le plus gros **accélérateur de réussite** que je connaisse.

Évidemment, personne n'aime échouer. La plupart des gens font d'ailleurs tout ce qu'ils peuvent pour éviter cette situation qui leur est insupportable. Mais, ils n'ont pas conscience que cette **stratégie d'évitement** renforce leur manque de confiance. Quand ils sont face à l'échec, ils se concentrent uniquement sur **la défaite** et **la douleur** qu'ils ressentent. Submergés par la honte, ils vont se lamenter et finir par **s'effondrer**. Ils s'enlisent alors, peu à peu, dans **la spirale de l'échec**.

L'évitement et **l'effondrement** sont les deux réactions les plus répandues. Mais, pour booster votre confiance en vous, vous devez envisager l'échec comme **une source d'expérience,** d'apprentissage et de **sagesse**. Voir vos échecs sous un angle positif est une opportunité incontestable de **développement personnel**.

Nos échecs sont en effet, une véritable **mine d'or**. Ils nous offrent des outils d'analyse, des pistes de réflexion, des axes d'amélioration et bien plus encore... Plus vous allez vous montrer positif et avide d'apprendre de vos erreurs, plus vous vous sentirez confiant et serein.

Gardez à l'esprit que pour triompher, **il faut apprendre à bien échouer** ! Et c'est précisément, ce que nous allons voir aujourd'hui.

"

JE NE PERDS
JAMAIS.
SOIT JE GAGNE,
SOIT J'APPRENDS !

NELSON MANDELA

LES 9 ENSEIGNEMENTS
de l'échec

L'échec nous offre l'opportunité de nous améliorer. En tirant des leçons de nos erreurs et en assumant nos responsabilités, il nous permet d'accéder plus rapidement au chemin du succès. Voici les 9 enseignements de l'échec :

01 L'échec nous apprend à accepter le changement.

02 Il nous rend plus conquérant et courageux.

03 Il révèle certains traits de notre personnalité.

06 Il nous apprend à rester humble.

05 L'échec permet de progresser plus vite.

04 Il nous fait entrevoir de nouvelles opportunités.

07 Il nous permet de prendre de la hauteur.

08 Il nous fait réajuster nos objectifs.

09 Il nous pousse à devenir meilleur chaque jour.

 **LE CONSEIL** *du jour*

 À partir d'aujourd'hui, j'aimerais que vous preniez de la hauteur, face à chacun de vos échecs. Considérez-les comme un pas nécessaire qui vous guide vers le succès !

Pour vous aider à relativiser vos échecs, je vous propose de suivre ces **5 stratégies éprouvées** :

1. Envisagez l'échec comme une opportunité et non "un drame".

Pour envisager l'échec sous un angle positif, il est nécessaire d'accepter vos imperfections, vos failles... et d'envisager l'erreur comme une **source de croissance et de développement**.

Au risque de vous choquer, avec l'expérience, je vois aujourd'hui mes échecs comme **une véritable chance**, car ils m'offrent l'opportunité de grandir, de changer et de me dépasser !
Bien sûr, je ne saute pas de joie quand je commets des erreurs, je pleure même parfois. Mais, j'en sors grandie et je transforme toujours la colère ou la tristesse qui m'anime, en **force vitale**.
Comment ? Souvent, l'échec m'oblige à me remettre en question et à faire une pause dans ma course effrénée de maman surbookée. Contrainte de m'arrêter, j'en profite pour regarder les perspectives qui s'offrent à moi.
Je reprends mon souffle et je repars avec de nouvelles solutions en tête.

2. L'échec permet de reprendre le contrôle de votre vie.

L'échec peut être **un déclencheur** pour prendre de nouvelles habitudes et **changer de cap**.
En réalisant que vous n'êtes pas au bon endroit, au bon moment, avec les bonnes personnes, vous allez reprendre les commandes de votre vie. Vous allez faire les ajustements nécessaires et décider de **la bonne route** à prendre, pour être pleinement heureux et épanoui.

3- Anticipez l'échec.

Pour minimiser vos risques d'échec, il convient d'élaborer une stratégie de repli et d'avoir imaginé **un plan B** pour pouvoir rebondir si besoin.
Vous pouvez également anticiper les obstacles, en imaginant tous les scénarios "catastrophes" possibles. Pour chacun d'entre eux, trouvez une solution palliative ou curative dès aujourd'hui.
En étant préparé au pire, vous vous sentirez ainsi plus "armé" et serein.

4. Envisagez l'échec comme un booster de confiance.

Pour renforcer votre confiance, vous devez comprendre que l'important n'est pas de savoir **combien de fois, vous êtes tombé**, mais de réaliser **combien de fois, vous vous êtes relevé**.
Ainsi, vous allez prendre conscience de **votre puissance intérieure**.

En général, nous devons faire preuve de courage, de sagesse, de lucidité et de détermination pour dépasser nos échecs. Toutes ces aptitudes permettent de renforcer la valeur que nous nous portons !

À partir d'aujourd'hui, cessez de vous morfondre sur vos erreurs passées. Effectuez plutôt un travail sur vous, pour tirer des leçons de chaque expérience difficile.

L'échec est votre plus grand professeur. Il vous permet de mettre en lumière *ce que vous ne maîtrisez pas encore.* Il suffit juste d'exploiter ces pistes pour vous améliorer et devenir la **meilleure** version de vous-même. Je peux vous garantir, qu'une fois que vous aurez pris conscience de **la valeur de l'échec**, vous commencerez à l'apprécier. Vous le considérerez comme "un ami", car il vous aidera à vous rapprocher du succès.

5. Concentrez-vous sur le chemin.

Vos objectifs de vie doivent être ambitieux. Je vous encourage d'ailleurs à viser les étoiles. Pour autant, vous ne devez pas uniquement vous focaliser sur le but à atteindre. Vous devez être capable de savourer chaque étape de votre parcours et de votre apprentissage. Ainsi, si vous prenez plaisir à apprendre, à essayer de nouvelles choses, vous allez modifier votre état d'esprit. **Votre objectif ne sera pas de savoir si vous allez échouer ou non**, **mais d'acquérir de nouvelles connaissances**.

SECRET DE RÉUSSITE N°12

C'est en **dominant vos peurs** que vous franchirez la première marche dans **votre ascension vers la confiance** et **le bonheur**.

En vous concentrant sur l'expérience, vous ne pouvez pas échouer ! Vous entrez dans une dynamique constructive et positive, où l'échec n'existe pas.

N'oubliez pas que **l'échec est éphémère**. Il s'agit juste d'un état, et non d'une situation permanente et irrémédiable. **Seul le fait d'abandonner peut transformer un échec éphémère, en échec définitif**. Alors, gardez la foi en vos projets et ne lâchez rien.

J'aimerais également que vous soyez conscient que vos échecs ne vous définissent pas. **Envisagez-les plutôt comme une escale** sur votre route. Ainsi, ils ne représenteront plus la fin de quelque chose, mais **la promesse d'un avenir meilleur** !

Témoignage de Julien

Julien est un Golden Boy. Il travaille sur les marchés financiers de Londres. Il semble mener une vie idéale. Sa carrière est au sommet et il vient d'épouser la femme de sa vie. On pourrait se demander pourquoi il décide de passer la porte de mon cabinet de coaching, tellement tout lui sourit !

Je vais certainement vous surprendre... Julien est en plein doute et désire se reconvertir. Il rêve de travailler main dans la main avec sa femme, styliste et de créer une marque de vêtements pour enfants. Il travaille sur ce projet de reconversion depuis 5 ans déjà, mais n'arrive pas à sauter le pas. Il est totalement paralysé par la peur de l'échec. Cela peut paraître étonnant car Julien semble avoir confiance en lui. Du moins, il se sent parfaitement à l'aise dans son job actuel car il en maîtrise tous les paramètres... *Mais ce nouveau projet le contraint à dépasser ses peurs et ses blocages.*

Je lui pose la question : "De quoi avez-vous peur précisément ?"
Il me donne plusieurs raisons : "J'ai peur d'échouer et de tout perdre ! Si j'échoue, je vais être la risée de tous mes collègues". "Ma famille a beaucoup investi dans mes études, je ne peux pas les décevoir". "Et bien sûr, j'ai peur de me lancer dans ce nouveau domaine qui m'est inconnu".

Personnellement, je pense que Julien attendait juste un déclic. Je me suis penchée vers lui et je lui ai demandé : "Comment pouvez-vous abandonner avant même d'avoir essayé ? Avez-vous envisagé de lancer votre projet tout en conservant votre poste actuel pendant quelques mois ? Désirez-vous vivre toute votre vie avec des regrets ?"

Pour le rassurer, nous nous sommes concentrés sur ce qu'il allait gagner en concrétisant son projet *(accomplissement, travail en duo avec sa femme, nouvel équilibre de vie)* et conserver *(ses vrais amis n'allaient pas s'envoler)*. En travaillant sur **ses ancrages**, nous avons pu limiter ses angoisses !

Julien a compris que **l'apprentissage qui suit un échec est déjà une réussite en soi**. Il sait que s'il commet des erreurs, c'est pour mieux se relever et se remettre en question. Il n'est plus prisonnier de ses pensées négatives car il a compris que personne ne peut savoir comment un projet va se réaliser, avant même de l'avoir démarré.

Et même si, sa marque n'en est qu'à ses balbutiements, Julien n'a jamais été aussi heureux, car il a dépassé ses peurs.

Je booste mon mental

L'expérience de Julien n'est pas un cas isolé. Vous pouvez vous aussi **cultiver un mental de champion** et passer à l'action. Pour ce faire, vous devez apprendre à **capitaliser sur vos échecs**. Dans l'exercice du jour, je vous propose d'identifier vos points de blocage et de clarifier vos axes d'amélioration pour vous sentir pleinement confiant.

Dans un premier temps, faites la liste de tous les échecs que vous avez vécus dans chaque domaine de votre vie (famille, amour, carrière, études, finances...). Puis, posez vous ces questions :

- Quels sont vos "pires" échecs ?
- Pourquoi définissez-vous ces expériences comme des échecs ?
- Qu'avez-vous ressenti à l'époque ?
- Que ressentez-vous aujourd'hui quand vous y repensez ?
- Quels sont ceux qui vous procurent le plus de colère et de honte encore aujourd'hui ? Pourquoi ?
- Selon vous, quelles sont les raisons de vos échecs ?
- Quelle était votre part de responsabilité dans ces échecs ?
- Quelle était la part de responsabilité des autres personnes ou de l'environnement extérieur ?
- Que vous manquait-il pour réussir ?
- Quels étaient les contraintes, les obstacles à franchir ?
- Auriez-vous pu les éviter ? Si oui, comment ?
- Qu'avez-vous compris de ces échecs ?
- Qu'auriez-vous aimé apprendre de ces échecs ?
- Quels sont vos axes d'amélioration ?
- Que feriez-vous différemment aujourd'hui ?
- Quelles stratégies devez-vous mettre en place pour éviter que ces erreurs ne se reproduisent ? Énumérez les étapes à suivre et votre plan d'action détaillé.

À l'issue de cet exercice, je vous invite à réaliser **un plan d'action "anti-chute"** qui vous accompagnera le restant de votre vie. Vous pouvez y noter **vos facteurs clés de succès** mais également les points sur lesquels vous devez être particulièrement **vigilant** pour éviter de commettre des erreurs. N'oubliez pas que plus vous relèverez des défis, plus votre confiance grimpera en flèche !

Avancer étape par étape

Comment vous sentez-vous aujourd'hui ? J'espère que vous êtes enjoué et toujours aussi motivé à faire passer votre vie à un niveau supérieur !

Je sais que cette semaine a été riche en émotions. Même s'il vous reste encore des étapes à franchir, vous pouvez être fier de tout le chemin que vous avez parcouru depuis le début du programme.

Vous avez fait preuve de courage et de détermination pour relever les défis proposés, sortir de votre zone de confort, dépasser vos blocages... Bravo, vous êtes au top !

Vous disposez aujourd'hui de nombreux outils pour vous détacher du regard des autres et poser un regard bienveillant sur vous-même. En suivant les exercices pédagogiques, vous avez fait un véritable travail de développement personnel.

Gardez à l'esprit que vous êtes au démarrage de votre métamorphose. Vous avez planté les premières graines de **l'arbre de la confiance**. Les racines vont s'étendre et vous récolterez les fruits de vos efforts dans les jours et les semaines à venir. Alors, soyez patient. Arrosez chaque jour votre jardin intérieur et émerveillez-vous à chaque nouvelle éclosion.

> **Secret de réussite n°13** : Vous seul, pouvez décider d'**être en paix** avec vous-même. Votre bonheur ne dépend que de **vous**, du **temps**, du **soin** et de l'**amour** que **vous vous accordez** ! **Devenez votre priorité**.

"

LE PLUS GRAND SECRET
DU BONHEUR
EST D'ÊTRE BIEN
AVEC SOI.

SOCRATE

L'essentiel de la semaine

Voici les **7 concepts clés** de la semaine. Prenez soin de les relire attentivement. Vous pouvez utiliser **un système de couleurs** pour les classer par "niveau d'acquisition". Soulignez en rose les thèmes maîtrisés, en bleu ceux à acquérir, en vert ceux à approfondir, par exemple.

01 Pour développer votre confiance, vous devez **reprendre le contrôle de votre vie** et vous libérer du regard des autres.

02 Apprenez à **embrasser vos complexes** et à ne plus vous sentir inférieur à qui que ce soit. Vous êtes au Top !

03 Montrez-vous **sourd aux critiques** et ne vous laissez plus impacter par le négativisme des autres.

04 Prenez soin de vous entourer de personnes **bienveillantes** qui vous acceptent tel que vous êtes vraiment.

05 **Vous êtes votre propre limite** ! Bousculez-vous, sortez de votre zone de confort et dépassez-vous.

06 Exploitez chacune de vos peurs et utilisez-les seulement pour avancer et réussir. Dites STOP aux excuses... **il est temps de forcer votre destin** !

07 **Considérez l'échec comme une escale. L'apprentissage** qui suit un échec est déjà **une réussite** en soi.

LE CONSEIL *du jour*

Pour mémoriser ces concepts, je vous invite à les noter dans votre journal de bord. À la fin du programme, vous pourrez les utiliser comme une "check list" pour vérifier vos acquis !

À retenir

CONFIANCE EN SOI

J'agis selon mes envies.

Je sais ce que je veux et j'agis sans me soucier du regard des autres.

Je n'ai pas peur d'être critiqué.

Je n'accorde aucune importance aux critiques car je sais ce que je vaux.

Je m'aime profondément.

J'ai appris à m'accepter avec mes qualités et mes défauts.

J'ose prendre des risques.

J'adore me dépasser. Je me sens stimulé par les challenges.

Je capitalise sur mes échecs.

J'apprends de mes erreurs. Je vois l'échec comme une expérience.

MANQUE DE CONFIANCE

Je veux plaire à tout le monde.

J'agis en fonction de ce que les autres pensent, et non selon mes choix.

Je ne supporte pas les critiques.

Je suis très sensible aux critiques. Une simple remarque peut me dévaster.

Je ne m'apprécie pas.

Je suis dévoré par mes complexes. Je n'arrive pas à m'aimer tel que je suis.

Je ne prends jamais de risques.

J'ai une peur panique de l'inconnu. Je ne sors pas de ma zone de confort.

J'ai très peur d'échouer.

De nature anxieuse, je suis dominé par la peur de l'échec.

POUR ALLER PLUS LOIN
mes routines "confiance"

Êtes-vous prêt à découvrir mes 3 nouvelles routines "confiance" ? Voici des pistes de réflexion pour améliorer votre bien-être, découvrir la paix intérieure et changer vos habitudes. *Je suis particulièrement adepte de la méthode Ho'oponopono qui a transformée ma vie ! N'hésitez pas à vous documenter.*

JE DÉCOUVRE LA MÉTHODE KAIZEN

La méthode Kaizen vise l'**amélioration continue**. Elle est la contraction de 2 mots Japonais *Kai* (changement) et *Zen* (meilleur). Elle consiste à faire de petits pas, de petits efforts réguliers, qui dans le temps, conduisent à de grands changements. Cette méthode douce et progressive est redoutable pour changer vos habitudes et instaurer de nouvelles routines.

JE PRATIQUE UNE ACTIVITÉ PHYSIQUE

Pratiquer une activité physique régulière vous permet de partir à la découverte de vous-même *(cultiver le goût de l'effort)*, d'améliorer **votre apparence physique** *(vous libérer de certains complexes)* et de renforcer **votre mental** *(en dopant votre confiance)*.
En sortant de votre zone de confort, vous allez identifier vos limites, mesurer vos progrès et apprendre à vous dépasser !

JE M'INSPIRE DES PRINCIPES HO'OPONOPONO

Ho'oponopono est une pratique hawaïenne ancestrale qui permet de nettoyer les mémoires stockées dans notre subconscient pour retrouver la paix intérieure. Cela signifie : "vivre en équilibre et en accord avec soi-même". L'essentiel de la méthode tient dans la formule : "désolé, pardon, merci, je t'aime". Je vous encourage à vous intéresser à cette incroyable philosophie de vie.

Mes affirmations

J'espère que vous vous répétez vos mantras chaque matin. N'oubliez pas que les affirmations ont le pouvoir de reconditionner votre cerveau et de lancer votre journée dans une dynamique positive. Elles modèlent votre esprit, comme l'exercice physique muscle votre corps .

Une de mes lectrices, "Chacha", m'a transmis sa technique infaillible pour les mémoriser. Elle a enregistré ses affirmations préférées sur son téléphone portable et les ré-écoute tous les matins. C'est une piste à suivre !

JE TIRE DES LEÇONS DE CHACUN DE MES ÉCHECS.

UN PROBLÈME N'EST QU'UN DÉFI À RELEVER.

JE POSSÈDE TOUTES LES CLÉS POUR ME LIBÉRER DE MES PEURS.

JE M'ACCEPTE TEL QUE JE SUIS ET NON TEL QUE JE DEVRAIS ÊTRE.

SEUL LE REGARD QUE JE POSE SUR MOI A DE L'IMPORTANCE.

JE METS MES COMPLEXES AU PLACARD ET JE PROFITE DE LA VIE.

MES AFFIRMATIONS

Ma check-list

Il n'est pas toujours évident de suivre un coaching et de savoir précisément ce qu'il faut **retenir** pour obtenir des **résultats durables**.

Pour vous aider, je vous propose cette check-list. Lisez-là chaque matin pour vous motiver, puis mesurez votre progression chaque soir. Vous allez ainsi consolider vos acquis et identifier vos axes d'amélioration.

- ☑ Je pratique mes affirmations positives tous les matins.
- ☑ Je me challenge chaque jour pour sortir de ma zone de confort.
- ☑ Je me concentre uniquement sur mes choix, mes envies et mes désirs.
- ☑ Je redore mon estime et je prends soin de m'accorder des bulles "bonheur".
- ☑ J'arrête de me comparer aux autres.
- ☑ J'investis sur moi. Je lis, j'écoute des podcasts, je suis des séminaires.
- ☑ Je surveille mon discours intérieur et m'adresse des paroles bienveillantes.
- ☑ Je me protège des critiques grâce à mon bouclier anti-critiques.
- ☑ Je m'aime comme je suis. J'arrête de vouloir atteindre la perfection.
- ☑ Je veille à contrôler mes émotions et mes pensées.
- ☑ Je pratique le journaling et mesure mes progrès régulièrement.
- ☑ Je me conditionne chaque jour, pour réaliser les challenges du programme.
- ☑ Je ne laisse plus de place aux doutes. Je poursuis mes objectifs sans relâche.
- ☑ Je prends soin de mon corps et de mon esprit chaque jour.
- ☑ J'apprivoise mes peurs et je capitalise sur mes échecs.
- ☑ Je m'éloigne des personnes nocives, toxiques et malveillantes.
- ☑ J'ai conscience de ma valeur et je rayonne.
- ☑ Je mets tout en oeuvre pour devenir la meilleure version de moi-même.

Votre journal de coaching

Focus motivation

Je sais à quel point il peut être difficile de prendre de nouvelles habitudes et de bouleverser son quotidien. Mais vous pouvez déjà être fier du travail accompli. Il convient à présent, de vous demander comment gravir les quelques mètres qui vous séparent de votre but ultime. Établissez des priorités et réservez-vous du temps pour poursuivre ce programme. Oubliez les réseaux sociaux pendant quelques jours et pensez à vous.

À savoir

C'est le moment d'exprimer **votre gratitude** pour tout ce que la vie vous **offre** ! Vous pouvez être reconnaissant et remercier la vie pour tous ses cadeaux, pour l'amour que vous recevez, pour tout ce qu'il vous arrive de positif... La gratitude aide également à réduire le stress et développer la paix intérieure.

Secret de réussite n°14 : Il est parfois nécessaire de **fermer** une porte pour **ouvrir** celle d'un **avenir meilleur. Laissez derrière vous** tout ce qui freine votre progression. Certains sacrifices mènent à de **grands changements** !

QUESTION
réponse

Comment rester motivé ?

Les citations ont le pouvoir d'impacter notre esprit. Je vous invite donc à noter dans votre journal, celles qui vous inspirent et renforcent votre motivation. Voici celle qui me motive tous les jours à me dépasser :

"Lève-toi chaque matin avec détermination, couche-toi chaque soir avec satisfaction."

C'est l'heure du bilan

C'est le moment de faire le point sur l'avancée de votre coaching. Sachez que seuls **vos investissements** et **votre détermination** vous conduiront vers **la pleine confiance**.

Répondez aux questions, puis remplissez votre bilan de la semaine *(page suivante)*.

01 Avez-vous pris du temps pour vous cette semaine ?

02 Avez-vous relevé les challenges proposés ?

03 Êtes-vous fier de votre progression ?

04 Vous détachez-vous plus facilement des critiques ?

05 Qu'avez-vous appris de vos échecs ?

06 Vous sentez-vous capable de dominer vos peurs ?

07 Avez-vous réussi à vous détacher du regard des autres ?

08 Quels sont vos axes d'amélioration ?

09 Quelles sont vos victoires de la semaine ?

10 Vous sentez-vous plus serein et confiant ?

Mon bilan

📅 **DATE DU JOUR**

🎗️ **MES 3 VICTOIRES**

❤️ **CE QUE J'AI RETENU**

⭐ **MON NIVEAU DE CONFIANCE**

☆ ☆ ☆ ☆ ☆

💡 **MES AXES DE PROGRÈS**

🖊️ **MON JOURNALING**

Notez les joies, les difficultés rencontrées dans votre coaching cette semaine.

Mes objectifs

Reprenez tous les exercices de ce chapitre et relisez vos notes pour définir les **3 objectifs prioritaires** de la semaine à venir.

Je vous conseille d'utiliser les principes de la méthode Kaizen *(thème abordé p.99)* pour élaborer votre plan d'action. Gardez en tête que chaque "petit pas" est une avancée déterminante qui a le pouvoir de renforcer votre confiance en vous !

MES 3 OBJECTIFS PRIORITAIRES

01

02

03

MON PLAN D'ACTION

Mes challenges de la semaine

Je sais que les challenges de la semaine peuvent vous sembler effrayants. Mais croyez-en mon expérience, **le secret de la confiance en soi réside dans l'action** ! Vous devez **oser** vous lancer. Seules les premières secondes peuvent paraître difficiles... ensuite, quel que soit le résultat, vous pourrez savourer et être fier de votre victoire personnelle !

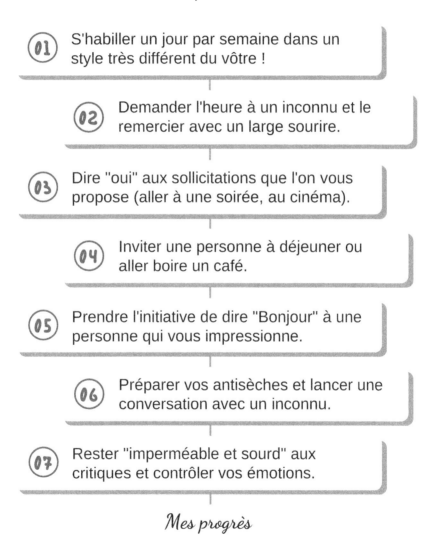

01 S'habiller un jour par semaine dans un style très différent du vôtre !

02 Demander l'heure à un inconnu et le remercier avec un large sourire.

03 Dire "oui" aux sollicitations que l'on vous propose (aller à une soirée, au cinéma).

04 Inviter une personne à déjeuner ou aller boire un café.

05 Prendre l'initiative de dire "Bonjour" à une personne qui vous impressionne.

06 Préparer vos antisèches et lancer une conversation avec un inconnu.

07 Rester "imperméable et sourd" aux critiques et contrôler vos émotions.

Mes progrès

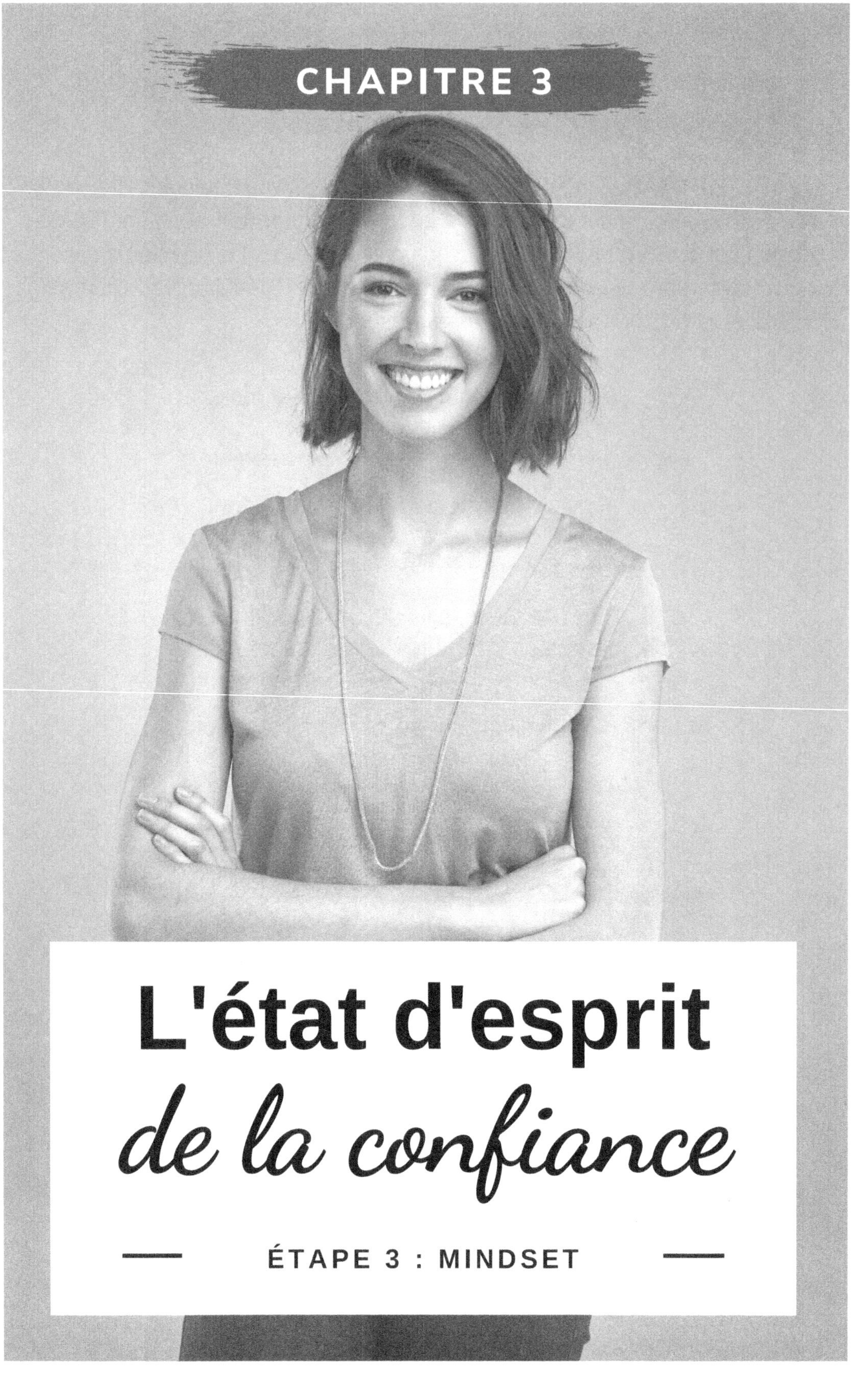

CHAPITRE 3

L'état d'esprit *de la confiance*

ÉTAPE 3 : MINDSET

Jour 15

Développer sa force mentale

Dans ce nouveau chapitre, nous allons nous intéresser à votre **Mental**. Il est le siège de vos décisions et de vos comportements. Il régule vos pensées, vos émotions, vos peurs et vous pousse à agir dans une direction ou une autre...

Comment être plus fort mentalement ? Cette question m'est régulièrement posée lors de mes ateliers, et pour cause, elle est directement liée à la confiance en soi. En effet, plus nous sommes capables d'affronter les aléas de la vie avec **force** et **flexibilité**, plus nous nous sentons confiants.

Pourtant, même si nous aimerions tous disposer d'**une force mentale optimale**, nous ne sommes pas tous égaux face à l'adversité. Certains vont s'écrouler à la moindre difficulté alors que d'autres vont la dépasser et **rebondir** encore plus fort. On parle alors de **résilience**.

Pour mieux appréhender ces concepts, je vous invite à lire ces 2 définitions :

- **La résilience** est l'aptitude d'une personne à savoir surmonter des évènements difficiles ou traumatiques, à retrouver son équilibre et à reprendre sa vie en main de manière positive.
- **La force mentale** est la capacité d'une personne à gérer le stress, la pression, les défis et à donner le meilleur d'elle-même quelles que soient les circonstances.

Bien sûr, personne n'est doté d'une force mentale spectaculaire à la naissance. En revanche, nous pouvons tous la renforcer en mettant en place de bonnes habitudes et en abandonnant celles qui nous empêchent de progresser.

"

LÀ OÙ SE TROUVE
UNE VOLONTÉ,
IL EXISTE
UN CHEMIN.

WISTON CHURCHILL

LE MODÈLE "4C"
de Peter Clough

Selon les travaux du professeur Peter Clough, la force mentale est l'ingrédient clé de **la réussite** et de **l'excellence**. À cet effet, il a déterminé 4 dimensions pour mesurer la force mentale d'un individu. Il s'agit du modèle "**4 C**" : **Contrôle**, **Engagement** (*Commitment en Anglais)*, **Challenge** et **Confiance**. **Le but ultime** est de renforcer ces 4 dimensions afin de nous sentir plus **fort**, **confiant** et **serein** face aux turpitudes de la vie.

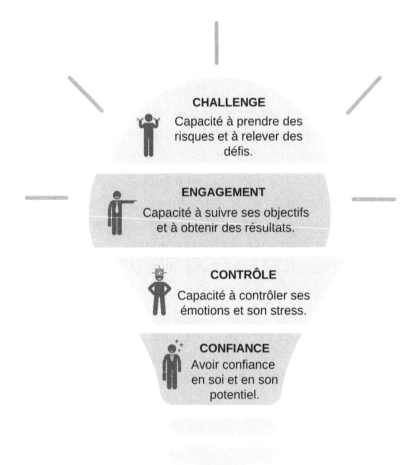

CHALLENGE
Capacité à prendre des risques et à relever des défis.

ENGAGEMENT
Capacité à suivre ses objectifs et à obtenir des résultats.

CONTRÔLE
Capacité à contrôler ses émotions et son stress.

CONFIANCE
Avoir confiance en soi et en son potentiel.

LE CONSEIL
du jour

À la lecture de ce schéma, demandez-vous sur quelles dimensions il est essentiel que vous concentriez vos efforts.
Évaluez de 1 à 10 chacun des 4 éléments pour déterminer vos axes d'amélioration.

Les 4 dimensions de la force mentale

Je vous propose d'approfondir chacune des dimensions du modèle "4 C" :

1. Le Challenge : Nous l'avons vu dans le chapitre précédent, vous devez envisager les menaces potentielles, les difficultés, le changement, comme des opportunités de croissance et de développement. Quoi qu'il se passe dans votre vie, adaptez-vous et donnez le meilleur de vous-même.

La stratégie : Concentrez-vous sur les solutions et non sur les problèmes. Envisagez la vie comme **un jeu** et non comme une épreuve. Vous avez le droit d'être heureux et plein d'assurance, alors donnez-vous en les moyens !

2. L' Engagement : Pour réussir à propulser votre vie à un niveau supérieur, la planification est capitale. Vous devez concentrer toute votre énergie sur vos objectifs. À ce titre, connaissez-vous l'adage : "Si vous négligez de planifier, vous planifiez d'échouer ?" *À méditer !*

La stratégie : Chaque matin au réveil, fixez-vous 3 objectifs *(ou challenges)* pour booster votre confiance. Soyez précis sur ce que vous devez réaliser et travaillez sans relâche jusqu'aux résultats attendus. *En gardant les yeux concentrés sur votre but, vous avez moins de risques de vous laisser distraire !*

3. Le Contrôle : Vous avez la capacité d'influencer et de façonner votre destin en contrôlant vos pensées, en régulant votre stress et en gérant vos émotions.

La stratégie : Dès qu'un évènement perturbe votre équilibre émotionnel, ne vous laissez pas envahir par des pensées négatives. Reprenez au plus vite le contrôle de votre mental.

N'oubliez jamais que vous êtes **le pilote** de votre esprit. Vous seul avez le pouvoir d'orienter vos pensées sur la bonne fréquence !

Dans la séance n°18 *(consacrée à la gestion du stress)*, je vous propose justement un exercice pour reprendre le contrôle de votre mental. Vous allez y découvrir la méthode STOP. N'hésitez pas à y jeter un coup d'oeil.

4. La Confiance : Vous l'avez compris, plus vous vous forgez un mental de "gagnant", plus votre estime grandit. C'est pourquoi, vous allez découvrir dans les prochaines séances, des solutions concrètes pour :

- apprendre à vous affirmer et savoir dire NON.
- avoir un langage corporel de gagnant.
- vous libérer du stress...

Quels sont les bénéfices ?

Décupler votre force mentale implique un changement en profondeur qui commence par une prise de conscience. J'aimerais préciser à ce titre, qu'avoir un mental d'acier ne signifie pas que vous ne traverserez plus de moments difficiles ou de tumultes émotionnels. Nous vivons tous des déceptions, des périodes délicates qui engendrent de la tristesse, de l'anxiété ou du stress. Mais en renforçant votre mental, vous serez plus à même de surmonter l'adversité. Vous disposerez des outils nécessaires pour :

- **anticiper** et vous préparer aux aléas inévitables de la vie.
- concentrer votre **énergie mentale** sur **des sujets productifs** et orienter vos pensées sur ce qui compte vraiment à vos yeux.
- **vous entrainer à tolérer l'inconfort**. Vous serez en mesure de faire les meilleurs choix pour votre avenir.
- **contrôler vos émotions**, **votre stress**, sans vous sentir contrôlé par eux...

SECRET DE RÉUSSITE N°15

Ne marchez plus **dans l'ombre** de ceux qui réussissent.
Trouvez **votre propre lumière** !

Le pouvoir des habitudes sur notre mental

Afin d'entamer un processus de renforcement mental, nous devons travailler sur nos habitudes. Selon des chercheurs de l'Université Duke, nos habitudes représentent 50 % de nos comportements quotidiens. Cela signifie que **notre cerveau fonctionne en pilote automatique la moitié de notre temps**.
Nous reproduisons ainsi, jour après jour, les mêmes : gestes, comportements, pensées, automatismes, sans réellement y prêter attention. Cela donne à réfléchir, n'est-ce pas ?

Pour reprendre le contrôle de votre esprit *et de votre vie*, la première étape consiste à lister l'ensemble de vos habitudes sur une semaine type. Cela vous permettra de comprendre très rapidement celles que vous devez **conserver** *(bénéfiques)* ou **changer** *(nuisibles à votre développement)*.

Ensuite, il vous suffira de développer de nouvelles routines. Je précise qu'une **routine** est une série de comportements **répétés fréquemment**, **de manière intentionnelle** *alors qu'une habitude est un comportement automatique.*
Cette reprogrammation mentale est souvent difficile à suivre sur la durée car nous avons tendance à retomber dans nos travers. Pour y remédier, voici 8 règles d'or afin d'intégrer vos routines dans votre quotidien, sans trop d'efforts.

8 RÈGLES D'OR POUR
créer de nouvelles routines

Listez vos intentions

Prenez soin de définir précisément les comportements que vous souhaitez modifier, puis découpez-les en micro-routines pour qu'elles s'intègrent facilement dans votre vie.

Commencez petit

Pour réussir à intégrer vos nouvelles routines dans votre agenda, il convient de vous fixer de petits objectifs, au début. Vous pourrez ensuite les ajuster de manière progressive. Il ne sert à rien de vouloir aller trop vite... Montrez-vous patient !

Fixez-vous un horaire

Choisissez judicieusement un horaire compatible avec votre mode de vie et votre horloge biologique (matin, midi ou soir) pour être certain de vous y tenir. Pour l'avoir expérimenté à de nombreuses reprises, se fixer des horaires permet de ne pas abandonner en cours de route. Vous pouvez par exemple, vous envoyer une notification sur votre portable pour vous rappeler qu'il est temps de passer à l'action.

Ne sautez pas une journée

Pour obtenir des résultats durables, il faudra répéter votre routine le plus souvent possible. Seule une **pratique répétitive et intentionnelle** sera garante de votre succès...

Rendez vos routines agréables

Prenez soin de rendre vos routines les plus confortables possible. Au risque de me répéter, vous pouvez par exemple, poser des jalons de réussite et vous offrir des petites récompenses (cadeaux, restaurant entre amis...) pour vous motiver.

Identifiez vos points de blocage

Même avec la meilleure volonté du monde, il se peut que vous craquiez et décidiez de tout arrêter. C'est humain et il ne faut pas culpabiliser. Pour autant, il convient de vous préparer à un tel évènement afin de l'éviter.
C'est pourquoi, nous allons travailler *dans l'exercice du jour* toutes les fausses excuses et faux prétextes que nous imaginons très souvent pour abandonner en cours de route.

Ancrez vos routines

Une méthode infaillible pour adopter de nouvelles routines est de les **greffer** à vos habitudes actuelles pour être certain de ne pas les oublier.
Vous pouvez lire vos affirmations par exemple, tous les matins pendant que vous prenez votre petit déjeuner...

Partagez-les

N'hésitez pas à expliquer à vos proches pourquoi vous mettez en place de nouvelles routines. Ils pourront vous épauler et vous motiver si besoin !

Témoignage de Maryline

Maryline est une de mes amies. Elle rêve depuis toujours d'aller vivre dans le sud de la France pour ouvrir une boutique de décoration et avoir un mode de vie plus zen. Elle désire profiter des plaisirs simples de la vie : méditer, aller faire son marché, courir au bord de la mer... Mais voilà, à 40 ans Maryline vit à Londres. Elle déteste son job et se sent très seule... Elle vient de divorcer et n'a plus du tout confiance en elle. L'idée de devoir déménager, de changer de lieu de vie et même de poser sa démission l'angoisse énormément.

Depuis plus de 5 ans, je tente de l'aider et de la motiver mais elle n'est pas réceptive. La décision doit venir d'elle.

Un jour enfin, elle me dit qu'elle ne peut plus continuer à passer à côté de sa vie et qu'elle est prêtre à changer. Je lui propose alors de créer **un rétro-planning** avec toutes les étapes à suivre pour réaliser son "**projet bonheur**".

Pendant plus d'un mois, nous travaillons ensemble pour créer un "**arbre des possibles**". Il s'agit d'imaginer toutes les options, les choix, les bénéfices, les contraintes *(financières, géographiques...)* et d'établir des stratégies associées. En parallèle, nous faisons des exercices pour qu'elle reprenne confiance en elle et ose enfin s'affirmer !

Le plus difficile pour Maryline est d'économiser le budget nécessaire pour son projet. Elle doit en effet disposer d'un business plan viable et d'un budget suffisant pour solliciter un prêt à la banque. Concrètement, elle doit économiser environ 300 € par mois. Cela implique un changement drastique de son mode de vie. Elle doit notamment :
- arrêter la salle de sport *et faire ses séances de fitness via une application web,*
- limiter ses sorties au restaurant chaque midi *et privilégier des petits plats préparés... etc*

Mais, pour qu'elle ne voit pas cela comme un sacrifice et qu'elle adopte ces nouvelles routines avec le sourire, je l'invite à lister tous **les bénéfices** de ces changements et à **visualiser son rêve** tous les matins...

Cela a été difficile pour elle au début. Elle m'appelait régulièrement en me disant qu'elle n'allait pas tenir... mais à chaque fois, j'étais là pour lui dire qu'elle s'approchait, jour après jour, de son rêve !

Il a fallu près de 2 ans à Maryline avant de partir s'installer sur la Côte d'Azur et d'ouvrir sa petite boutique... Elle vit aujourd'hui une vie apaisée et me dit très souvent qu'elle regrette d'avoir mis autant de temps pour passer à l'action.

Fini les excuses

Nous venons de le voir dans cette séance, pour renforcer votre mental il est nécessaire de mettre en place de bonnes habitudes, à l'aide de micro-routines. Bien sûr, il faut du courage et de la détermination car tous les changements nécessitent des efforts. Mais ne dit-on pas : "Quand on veut, on peut ?"

Malheureusement, je rencontre trop souvent des proches qui n'arrivent pas à intégrer de nouvelles routines dans leur vie. Prenons le cas d'un régime par exemple. Au début, les personnes sont motivées et désirent plus que tout perdre du poids pour retrouver confiance en elles. Mais, après quelques jours, voire quelques semaines, elles abandonnent jugeant les sacrifices trop pesants et les résultats trop faibles. Pour éviter de vous retrouver dans une telle situation, il est essentiel que vous imaginiez **en amont**, toutes les fausses excuses qui pourraient vous empêcher d'avancer.

L'exercice que je vous propose se décompose en 2 étapes :

-1. Définir de nouvelles routines pour améliorer votre confiance en vous *(pratiquer une activité sportive, apprendre l'anglais pour changer de métier, prendre soin de votre apparence...).*

-2. Lister toutes les excuses susceptibles de vous décourager ...

Étape 1 : les habitudes

- **Listez vos habitudes actuelles** : Notez dans votre journal toutes vos habitudes sur une semaine type.
- **Faites le tri** : Faites le point et identifiez vos mauvaises habitudes. Soyez le plus honnête possible avec vous-même.
- **Planifiez vos nouvelles routines** : Prenez soin de suivre, pas à pas, les 8 règles d'or *de la page 112*. Pour vous aider dans votre réflexion, voici un exemple : *Je désire perdre 5 kgs (intention) pour pouvoir aller à la plage cet été sans complexer (bénéfice). Je vais faire une séance de sport de 30 minutes (petit objectif) tous les mercredis et vendredis (fréquence) avant d'aller au bureau (greffe).*

Etape 2 : les excuses

- **Faites la liste de vos excuses** : C'est la partie la plus amusante de l'exercice. Imaginez toutes les excuses que vous pouvez trouver pour reporter vos routines à plus tard. Pour chacune d'entre elles, écrivez une phrase qui vous incite à agir. *Exemple : Je suis fatiguée pour aller au sport ce soir --> Je fais une mini-séance de 15 mn.* La motivation devrait suivre !

Apprendre à s'affirmer
Savoir dire "non"

Les connaissances que vous avez acquises dans ce programme, nous permettent d'aborder aujourd'hui un sujet capital : **l'affirmation de soi**.

Lorsque nous manquons d'assurance, nous **avons du mal à affirmer** ce que **nous voulons**, ce dont **nous avons besoin** et ce que **nous ressentons**. Nous avons tendance à nous effacer par timidité, gentillesse ou peur de l'autorité. Cependant, notre incapacité à **nous défendre** et à savoir **dire NON** *aux sollicitations de notre entourage,* nous rend très vulnérable. Nous pouvons même avoir la désagréable sensation de n'être qu'une **marionnette** "contrôlée", "soumise" ou "manipulée" par le désir des autres.

Apprendre à parler avec confiance de vos désirs et de vos besoins peut vous sembler intimidant, surtout si vous êtes d'un naturel introverti ou timide. Étant passée par là, je sais que cela peut même vous paraitre impossible... mais sachez que **tout le monde peut apprendre à s'affirmer**. Il suffit juste de maîtriser les techniques que je vais vous enseigner.

N'ayez crainte, je vais vous aider à **développer cette aptitude** tout en douceur et à surmonter les sentiments de honte, de mal-être ou de culpabilité qui vous empêchent de vous affirmer au quotidien.

L'affirmation de soi est l'une des qualités les plus puissantes que vous puissiez posséder. Elle vous permettra de vivre des relations saines et équilibrées et surtout elle renforcera votre confiance en vous.

N'acceptez plus que l'on vous dicte votre conduite, ni d'être sous l'emprise de quiconque, revendiquez vos opinions et défendez vos idéaux !

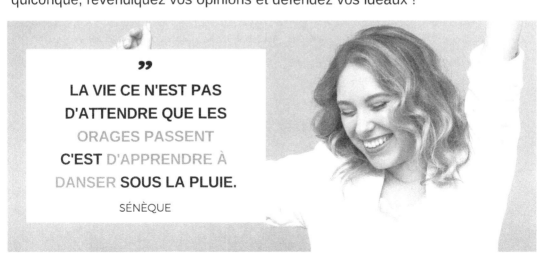

"

LA VIE CE N'EST PAS D'ATTENDRE QUE LES ORAGES PASSENT **C'EST** D'APPRENDRE À DANSER **SOUS LA PLUIE.**

SÉNÈQUE

Le syndrome de Wendy

En 1984, le psychologue Dan Kiley développe le concept du **syndrome de Wendy** également nommé **syndrome du sauveur**, pour décrire les personnes qui ont besoin de combler les attentes des autres, avant de satisfaire leurs propres désirs.

Elles cherchent à faire plaisir à leur entourage, se montrent toujours disponibles et se plient en quatre pour faire tout ce qu'on leur demande. Elles ont un tel besoin d'être aimées, qu'elles cherchent en permanence l'acceptation des autres, quitte à **s'oublier elles-mêmes**.

Elles peuvent également avoir une tendance à materner leurs proches, ce qui est plutôt appréciable et louable, tant que cela ne devient pas **sacrificielle**.

Dans le dessin animé "Peter Pan", nous retrouvons les deux héros de Disney, Peter Pan et Wendy qui ont des traits de personnalité aux antipodes. Alors que Peter Pan est enfantin et rêveur, Wendy se montre dévouée, maternelle et s'occupe sans relâche des enfants du Pays Imaginaire.

Si vous êtes comme Wendy, trop gentil(le), que vous pensez aux autres avant vous, êtes incapable de dire non aux sollicitations de votre entourage, vous souffrez peut-être de ce syndrome ?

Je rencontre très souvent des personnes qui viennent me consulter suite à un burn-out et qui n'ont pas conscience de souffrir du syndrome de Wendy. Elles se considèrent comme des personnes serviables, dévouées, aimantes, bienveillantes ou trop gentilles. Mais derrière cette extrême gentillesse et cette quête permanente de reconnaissance, se cache une peur du rejet, de l'abandon et une faible estime de soi.

Pour sortir de ce syndrome, vous devez franchir **3 étapes** :

1. La prise de conscience. Il est essentiel de comprendre que vous ne devez en aucun cas vous oublier ni vous sacrifier pour les autres.

2. L'acceptation. Une fois le diagnostic posé, il faut accepter vos failles et comprendre que vous existez **à part entière**. Vous devez vous défaire de toutes les relations de co-dépendance.

3. L'affirmation. La dernière étape consiste à vous affirmer et à refuser toute demande abusive. L'objectif : mettre de la distance avec les autres, développer des relations saines, réapprendre à penser à vous et fixer de nouvelles règles du jeu, dans votre sphère personnelle et professionnelle.

LES BÉNÉFICES DE
l'affirmation de soi

L'affirmation de soi est la capacité d'exprimer ses opinions, de manière positive et en toute confiance. En développant cette aptitude, vous allez apprendre à vous faire respecter. Vous adopterez une attitude conquérante qui aura pour but de défendre vos meilleurs intérêts. Dans ce schéma, vous allez découvrir les 5 principaux bénéfices de l'affirmation de soi. *Cette liste est non exhaustive.*

Clarifier vos attentes

Exposer clairement aux autres vos envies et vos besoins pour qu'ils sachent qui vous êtes et ce que vous désirez.

Imposer le respect

Vous faire respecter va vous permettre de redorer votre estime et faire barrage aux comportements abusifs.

Poser vos limites

Indiquer à votre entourage les limites à ne pas dépasser afin de protéger votre espace émotionnel et physique.

Pourquoi s'affirmer ?

Rechercher un consensus

S'affirmer permet de construire des relations d'égal à égal et de trouver un terrain d'entente où chacun est gagnant.

Exprimer vos émotions

Révéler aux autres ce que vous ressentez est non seulement libérateur mais permet aussi de construire des relations saines.

 **LE CONSEIL** *du jour*

 Gardez à l'esprit que s'affirmer n'est pas **un acte négatif envers les autres** mais, **un acte positif envers vous-même**.

Les techniques pour apprendre à s'affirmer

L'affirmation de soi est une des composantes de la confiance en soi. Il est donc essentiel que nous travaillons aujourd'hui ce concept qui vous propulsera enfin à **votre juste place**. Vous le savez et l'avez probablement déjà expérimenté au fil de ce coaching, vous devez vous détacher de votre peur du rejet, du jugement des autres, pour vivre pleinement votre vie.

Je sais que cela peut vous effrayer, mais il faut envisager l'affirmation de soi comme **une simple négociation**. Contrairement à ce que vous pensez peut-être aujourd'hui, un "refus" ou un "non" de votre part, ne fait pas de vous une mauvaise personne. En posant vos limites, vous allez cesser de vous laisser abuser, piétiner ou dominer, défendre vos intérêts personnels et surtout rester fidèle à vous-même. Reprenons à présent les concepts du schéma précédent et explorons **les 5 règles d'or de l'affirmation de soi** :

1. Clarifier vos attentes et vos besoins. Nos besoins sont universels et constituent un terrain sur lequel les personnes peuvent se comprendre. Pour vous affirmer et renforcer votre confiance en vous, vous devez être capable de définir précisément vos **besoins fondamentaux**.

Cela peut vous sembler évident, mais je constate lors de mes coachings que de nombreuses personnes ne connaissent pas leurs véritables besoins. Pour vous aider dans votre réflexion, je vous invite à relire la pyramide de Maslow. Pour chaque niveau de la pyramide, prenez quelques instants pour examiner votre situation. Puis, notez vos besoins satisfaits et ceux qu'il vous reste à satisfaire pour être pleinement heureux et confiant. Il est important de noter que la plupart de nos émotions négatives (la frustration, la colère, l'insatisfaction) proviennent de nos besoins insatisfaits. Ainsi, grâce à ce bilan, vous serez en mesure de mieux vous comprendre et d'exprimer aux autres ce que vous attendez de la vie et de vos relations.

2. Se faire respecter. Le respect de vous-même et des autres est essentiel pour vous sentir à l'aise et capable de vous affirmer. Vous devez vous montrer bienveillant (surtout ne pas blesser votre interlocuteur) pour qu'il puisse être à votre écoute et prêt à négocier dans les bonnes conditions. Souvenez-vous que vous méritez d'être traité avec dignité et respect.

3. Rechercher un consensus. Lors d'une discussion, il convient de rechercher le **juste équilibre** entre vos attentes personnelles et celles de votre interlocuteur. L'objectif est de trouver un terrain d'entente où les 2 parties sont satisfaites et gagnantes (on parle de relation "gagnant-gagnant").

Dans ce cadre, gardez à l'esprit que les différences de points de vue, ne signifient pas nécessairement que vous avez raison et que l'autre personne a tort, ou inversement. Vous devez être pleinement satisfait, l'un comme l'autre. Si vous êtes au cœur d'une "négociation-affirmation" demandez-vous toujours : "Est-ce que je me sens satisfait ou lésé ?" *Si vous êtes insatisfait, poursuivez la négociation jusqu'à trouver le bon compromis.*

4. Exprimez vos émotions. Vous êtes en droit d'exprimer ce que vous ressentez. Ne voyez pas cela comme un signe de faiblesse. Cela permet au contraire, de mieux appréhender vos comportements et d'être transparent avec les autres. Il faut savoir **doser** ce qu'il convient, ou non, de dire. Vous devez trouver le juste équilibre entre, **une explication** qui doit relater vos sentiments de manière factuelle et **une justification** qui vous met en position de défaut !

5. Posez vos limites. Pour éviter de vous sentir piégé ou abusé par un proche ou un supérieur, il convient de définir les limites à ne pas dépasser. Soyez clair et ferme, sur ce que vous acceptez ou non de faire et expliquer simplement les raisons de votre choix, sans vous justifier *(cf exercice du jour)*. Une fois ces règles posées, ne revenez en aucun cas sur votre position.

SECRET DE RÉUSSITE N°16
C'est en **osant vous affirmer**
que vous découvrirez **votre plein potentiel**.

Je ne vous cache pas qu'il vous faudra une certaine dose de courage pour apprendre à vous affirmer. Mais, en maitrisant les 2 techniques que nous allons aborder à présent, "oser dire non" sera aussi facile qu'un simple sourire. Vous ne perdrez plus vos moyens et ne vous laisserez plus impressionner par qui que ce soit. Pour ce faire, vous pouvez utiliser **la méthode DESC** conçue par le psychologue Dominique Chalvin. Cet outil permet de poser les bases d'une **communication d'égal à égal** et d'éviter les conflits :

- **D** pour décrire : exposez votre point de vue avec objectivité.
- **E** pour émotion : exprimez les sentiments que cette situation vous inspire.
- **S** pour solution : suggérez une solution "gagnant-gagnant".
- **C** pour conséquence : présentez les conséquences et les bénéfices de votre solution.

J'apprends à dire "Non"

Pour vous sentir totalement confiant et affirmé dans vos rapports aux autres, j'aimerais également vous faire découvrir **la méthode du** "**scripting**".

Cette méthode consiste à identifier toutes les situations qui vous mettent mal à l'aise et d'écrire pour chacune d'entre elles, un contre-argument *(un script)* qui vous permettra de les refuser ou les décliner, sans stress, ni gêne.

1. Donnez-vous l'autorisation de dire non. Vous êtes libre de vos choix, de mener votre vie selon vos propres désirs. Commencez par dire "non" à vos proches pour des petites choses. *Exemple : Refusez d'aller faire les courses avec votre soeur*. Cela vous mettra en confiance. Puis montez d'un niveau.

2. Déclinez une demande sur un ton positif. *Exemple : "J'aimerais beaucoup vous aider, mais j'ai déjà pris d'autres engagements."*

3. Expliquez les raisons de votre décision avec **clarté, précision et fermeté**. Ne vous justifiez pas et n'inventez pas d'excuse. *Exemple : "Je prends note de votre demande mais sachez que je dois finaliser d'autres tâches prioritaires avant." ou "Je comprends les enjeux de votre demande, mais en tenant compte de mon agenda, il m'est impossible de l'accepter."*

4. Refusez la demande, pas la personne. *Exemple : "Je ne peux pas finir plus tard ce soir et vous aider, car comme chaque jeudi, je vais faire ma séance de Pilates avec ma fille."*

5. Utilisez le "je" et non le "vous". Lorsque vous commencez une phrase par "vous", cela peut être perçu comme un jugement et mettre votre interlocuteur sur la défensive. En commençant par « je », l'accent est mis sur la façon dont vous vous sentez. *Exemple : "Je comprends, J'ai conscience..."*

6. Trouvez un consensus. Proposez des solutions et mettez en avant les bénéfices pour chaque partie. *Exemple : "Je vais à mon cours de fitness mais je vous propose de venir plus tôt demain matin ou de vous aider pendant ma pause déjeuner. Cela devrait nous convenir à tous les 2."*

7. Sachez faire face à la pression. Si la personne insiste, vous devez rester ferme et lui faire comprendre que vous ne changerez pas d'avis. Vous pouvez utiliser la technique des hommes politiques qui répétent en boucle leur réponse (**le disque rayé**). *Exemple : "Comme je vous l'ai déjà dit..."*

8. Ayez en tête plusieurs scénarios et formules "toutes prêtes" pour chacun des problèmes que vous seriez susceptible de rencontrer. Faites la liste de tous les arguments et contre-arguments possibles et répétez-les tous les matins, jusqu'à **les connaitre par coeur**.

Le langage corporel et l'image de soi

Vous est-il déjà arrivé de voir entrer dans une pièce, une personne qui capte toute l'attention ? Sans même qu'elle ne prononce un mot, tous les regards sont fixés sur elle. Sa gestuelle, son attitude, sa démarche sont vecteurs de confiance. Elle dégage une **présence magnétique**, **un charisme naturel**. C'est le pouvoir de **la communication non verbale**, plus connue sous le nom de **langage corporel**.

Nous avions abordé succinctement ce sujet à la séance n°3. Pour rappel, des études ont démontré que lors d'une conversation, notre interlocuteur est impacté par **notre langage "non verbal"** à **93%** et seulement à **7%** par **notre langage "verbal"**.

Ces données mettent en évidence le fait que l'ensemble **des signaux que nous émettons** à travers notre posture, notre gestuelle, notre voix, nos expressions faciales, ont le pouvoir **d'influencer** et de convaincre nos interlocuteurs, plus que le message lui-même.

Alors, **quelle attitude adopter pour avoir l'air plus confiant ?**

Vous le savez, pour réussir un entretien d'embauche ou l'oral d'un examen, il est conseillé de : "Se tenir bien droit, garder le menton levé, regarder son interlocuteur dans les yeux, se pencher légèrement en avant, ne pas croiser les bras " etc.

Tous ces conseils se réfèrent au **langage corporel** et à **l'image de soi**. C'est précisément, les 2 thèmes que nous allons approfondir aujourd'hui.

"

C'EST VOTRE ATTITUDE,
BIEN PLUS QUE VOTRE
APTITUDE, **QUI DÉTERMINE**
VOTRE ALTITUDE **!**

ZIG ZIGLAR

LES 3 COMPOSANTES
de la communication

La communication orale a été révolutionnée, suite à 2 études menées par le psychologue américain, Albert Mehrabian. En 1967, il a mis en lumière **la règle des 3 V**, également appelée "règle du 7 % – 38 % – 55 %" qui établit la part de Verbal, de Vocal et de Visuel dans une communication.

Les résultats montrent que :

– 7 % de la communication est **V**erbale (signification, sens des mots).

– 38 % de la communication est **V**ocale (intonation, timbre de la voix).

– 55 % de la communication est **V**isuelle (attitude, expressions du visage et langage corporel).

Nous pouvons en conclure que nous sommes d'abord "**Vu**" (**le visuel**), puis "**Entendu**" (**le vocal**) et en dernier recours "**Compris**" (**le verbal**)...

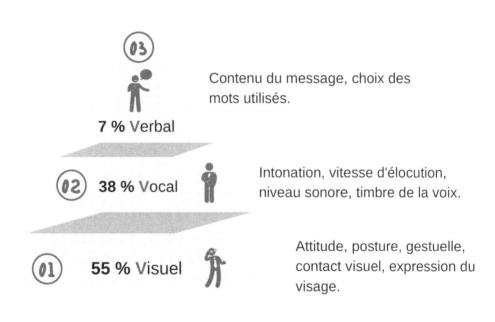

03

7 % Verbal

Contenu du message, choix des mots utilisés.

02 **38 %** Vocal

Intonation, vitesse d'élocution, niveau sonore, timbre de la voix.

01 **55 %** Visuel

Attitude, posture, gestuelle, contact visuel, expression du visage.

LE CONSEIL
du jour

Ces 3 indicateurs sont très utiles pour vous aider à convaincre et vous donner plus d'assurance. Mais, ils peuvent également vous permettre de détecter les manipulateurs qui peuvent se servir de ces connaissances, pour abuser de votre gentillesse. Soyez vigilant !

L'importance de l'image de soi

Notre image "parle de nous" avant même que nous prononcions la moindre parole. À travers notre allure, notre gestuelle, mais aussi nos choix vestimentaires, notre maquillage ou nos accessoires de mode, elle est **notre premier vecteur de communication**.

L'image qui se dégage de nous est très puissante et donne **de précieux indices** à nos interlocuteurs, sur notre personnalité. Ils peuvent alors s'en servir pour savoir quel comportement adopter avec nous.

Nous n'avons pas toujours conscience de l'image que nous renvoyons. Et d'ailleurs, **qu'est-ce que l'image de soi ?**

L'image de soi se décompose en **3 sphères** :

   1- Le Moi réel. Il s'agit de la personne que vous êtes au plus profond de vous, sans aucun artifice. C'est l'image la plus pure et la plus juste de vous.

   2- Le Moi prétendu. C'est la personne que vous prétendez être, face aux autres. Il s'agit souvent d'une image sublimée de vous-même.

   3- Le Moi idéal. C'est l'image qui représente la meilleure version de vous-même, ce que vous rêvez de devenir dans votre idéal !

 C'est l'image que nous avons de nous-même, qui fait notre destin. ~ Nathaniel Branden.

Le problème, c'est que nos "**3 Moi**" sont régis par notre inconscient. N'ayant pas de prise directe sur eux, ils peuvent facilement nous trahir.

C'est le cas notamment, quand une personne souhaite transmettre un message, mais que son corps en exprime un autre. Prenons l'exemple d'une personne timide qui va au restaurant toute seule. Quand le serveur vient prendre sa commande, elle va tenter de se montrer à l'aise et répondre le plus calmement possible... Mais à travers son langage corporel, son interlocuteur ressentira ses véritables émotions.

Elle sera alors trahie par ses mimiques, ses expressions faciales, le timbre de sa voix, qui reflèteront l'état émotionnel de son "**Moi réel**".

Bien sûr, nous jouons tous *plus ou moins* un rôle en société et voulons apparaitre aux yeux des autres sous notre meilleur jour. Mais il est essentiel d'être aligné et en fusion avec notre 'Moi-réel", car si nous ne sommes pas transparent envers nous-même, il y a de fortes probabilités pour que les autres ressentent notre trouble.

Le rôle du langage corporel

Votre langage corporel doit s'accorder avec votre discours, de manière à lui donner de **la crédibilité** et de la cohérence. Cependant, comme nous venons de le voir, il peut autant renforcer notre discours que le discréditer. Intéressons-nous justement à son impact.

- **Conforter** : Si votre "Moi Prétendu" et votre "Moi Réel" sont alignés, il n'y aura aucun décalage entre votre langage corporel et non-verbal. En effet, votre communication non verbale va renforcer et compléter le discours que vous émettez verbalement.

- **Accentuer** : Il peut accentuer votre discours. Une gestuelle cohérente et précise, un regard franc, un sourire, peuvent renforcer et donner du poids à votre message.

- **Contredire** : Votre langage corporel (rougeur soudaine, démarche rapide, grattement de gorge...) peut contredire le message que vous essayez de transmettre. Attention, cela peut éveiller les soupçons de votre interlocuteur, qui peut imaginer que vous êtes en train de lui mentir ou de dissimuler la vérité.

- **Remplacer** : Votre regard peut "communiquer" à votre place. C'est le cas quand nous nous mettons en colère contre notre enfant qui vient de faire une bêtise. Sans dire un mot, nous lui faisons les gros yeux et il sait ce que nous ressentons. *Ne dit-on pas que les yeux sont le miroir de l'âme ?*

SECRET DE RÉUSSITE N°17

Montrez-vous sous **votre meilleur jour** et soyez **fier** de la personne que vous êtes en train **de devenir**.

Nous venons de voir l'importance de votre image et de votre langage corporel dans vos rapports avec autrui.

Pour aller plus loin, je vous propose à présent de faire **un test** pour mieux comprendre la relation que vous entretenez aujourd'hui, avec votre image et votre corps.

Vous trouverez après ce test, des conseils pour améliorer votre communication non verbale et ainsi rebooster votre confiance en vous.

En les expérimentant, vous pourrez peu à peu vous les approprier et les utiliser pour décrypter votre entourage.

Testez-vous

Prenez quelques instants pour réaliser ce test sur l'image de soi. Soyez le plus honnête possible avec vous-même... Faites rejaillir votre "Moi Réel".

Une personne vous complimente sur votre apparence :

◆ Vous vous dites qu'elle ne doit pas être sincère.

★ Vous vous sentez mal à l'aise.

▲ Vous la remerciez chaleureusement.

Vous regardez les mannequins dans un magazine de mode.

◆ Vous êtes encore plus complexé.

★ Vous savez qu'elles sont retouchées.

▲ Vous les trouvez belles et voulez leur ressembler.

Vous êtes devant le miroir de votre salle de bain, vous vous dites :

◆ Je ne supporte plus de me voir.

★ J'ai besoin de prendre soin de moi.

▲ Je me sens bien dans ma peau.

Une personne vous regarde dans la rue et vous sourit.

◆ Vous êtes stressé et changez de trottoir pour éviter son regard.

★ Vous êtes gêné et rougissez.

▲ Vous êtes flatté et à l'aise.

Un de vos proches vous fait une remarque sur votre physique :

◆ Vous pleurez à chaudes larmes.

★ Vous pensez qu'il veut votre bien et qu'il a raison de vous alerter.

▲ Vous n'y prêtez pas attention...

Si vous deviez me parler de vos complexes, que me diriez-vous ?

◆ Ils m'empoisonnent la vie au quotidien.

★ J'arrive peu à peu à relativiser.

▲ Je m'aime comme je suis.

Vous avez pris du poids dernièrement, que faites-vous ?

◆ Je commence un régime en urgence.

★ Je fais du sport tous les jours.

▲ Je limite les excès quelques jours.

Vous êtes invité à une soirée *avec des inconnus.* Comment vous habillez-vous ?

◆ En noir, car je veux passer inaperçu.

★ Je m'habille simplement.

▲ Je me mets sur mon 31 car j'aime me sentir à mon avantage.

REPORTEZ VOS RÉSULTATS

Pour analyser vos résultats, rien de plus simple. Vous avez obtenu une majorité de :

◆ Il vous est difficile de vous aimer et d'apprécier votre image. Reprenez les séances n°8, n°9, n°11 et complétez si besoin avec la séance n°18.

★ Vous êtes sur la bonne voie, même s'il vous reste encore un peu de travail pour vous libérer de certains blocages. Reprenez les séances n°8, n°9.

▲ Vous êtes à l'aise avec votre image et ne vous laissez pas impacter par les dictats de la société. Félicitations !

BOOSTER SA CONFIANCE
grâce à la communication non-verbale

La posture

Une posture droite vous identifie instantanément comme une personne confiante, qui a quelque chose à apporter aux autres. Tenez-vous bien droit, le menton parallèle au sol, les épaules détendues. Maintenez une position ouverte et évitez de croiser les bras lorsque vous communiquez.
En vous exerçant à adopter une posture avenante, vous projetterez une attitude confiante, qui aura un effet positif sur vous et les autres.

La gestuelle

Nos gestes sont innés et font parties intégrante de notre communication. Nous utilisons souvent nos mains de manière spontanée et inconsciente. Si vous voulez avoir l'air confiant, vos gestes doivent être synchrones et en cohérence avec votre discours. Utilisez-les avec parcimonie, à des moments-clés pour renforcer votre message. Si vous êtes d'un naturel stressé, veillez particulièrement à ne pas trop "gesticuler".

Le contact visuel

Établissez un contact visuel immédiatement avant de commencer à parler. Un bon contact visuel (environ 60% du temps de l'échange) montre aux autres que vous vous intéressez à eux et que vous êtes à l'aise en leur présence.

Les expressions faciales

Notre visage est très expressif. À travers nos expressions faciales, nous pouvons transmettre l'ensemble de nos émotions et sentiments.
Plus vos expressions seront calibrées, plus vous semblerez puissant, confiant et digne d'intérêt pour votre interlocuteur.

La voix

Quand nous parlons, nos interlocuteurs interprètent tous les signaux de notre voix. C'est pourquoi, vous devez articuler clairement, laisser des temps de pause entre vos phrases et éviter de marmonner.
Votre intonation doit être modulée et non-monotone, au risque d'ennuyer votre interlocuteur.
Ayez confiance en ce que vous dites, parlez posément et évitez les exclamations excessives.

L'apparence

Votre apparence, à travers le choix de vos vêtements, de votre coiffure, est un moyen de communication à part entière.
Prenez quelques minutes chaque matin, pour soigner votre apparence et vous sublimer. Je ne vous dis pas de ressembler à une gravure de mode bien sûr... mais parfois, un petit accessoire peut tout changer !

Inspecteur Columbo

Que diriez-vous de vous glisser dans la peau du célèbre inspecteur Columbo et de mener une enquête ! Avant de commencer, munissez-vous d'un carnet et d'un stylo pour noter les indices que vous allez collecter...

Votre investigation va consister à choisir une émission de télévision. Vous êtes libre de vous intéresser à une émission politique, culturelle ou de télé-réalité. En tant qu'enquêteur, vous êtes en charge d'observer l'ensemble des protagonistes. Je vais vous demander de concentrer votre attention sur leurs discussions, leurs attitudes, leurs expressions faciales etc...

- **Votre objectif n°1** est d'étudier chaque orateur et de **décrypter sa communication** pour établir **un matching** entre son discours (le verbal) et son langage corporel (le non-verbal). Demandez-vous si sa communication est cohérente ou non. Notez son comportement et ses émotions.

- **Votre objectif n°2** est de percevoir **les rapports d'influence** entre les orateurs. En fonction de votre analyse précédente posez-vous ces questions.

- En vous basant sur le langage corporel uniquement, percevez-vous des rapports de "domination / soumission" ?

- Avez-vous remarqué des postures de mimétisme ?

- Quelle personne vous semble la plus charismatique et confiante ? Sur quels éléments vous basez-vous ?

- Quelle personne vous semble la moins confiante ? Et pourquoi ?

- Avez-vous remarqué des signes de malaise, de nervosité chez cette personne ? Si oui lesquels ?

- Pensez-vous que l'un des orateurs de l'émission ait menti ou ait voulu dissimuler la vérité ? Pourquoi et à quelle occasion ?

- Si vous deviez choisir la personne qui vous ressemble le plus, qui choisiriez-vous ?

- À quelle personne aimeriez-vous le plus ressembler et pourquoi ?

Je vous encourage à réaliser cet exercice autant que possible. Avec la pratique, il vous donnera de nombreuses clés qui vous permettront de vous sentir de plus en plus à l'aise et de devenir un excellent communiquant.

De plus, il faut savoir que nous admirons souvent chez les autres, des qualités que nous aimerions posséder, sans parfois nous l'avouer...

Je vous laisse résoudre votre enquête !

Apprivoiser son stress

Les recherches menées en 2015 par le chercheur Fernández-González ont établi **un lien de cause à effet**, **entre le manque d'estime de soi et le stress**.

Les personnes qui manquent d'estime d'elles-même sont plus souvent traversées par des émotions négatives. Leur peur du jugement ou de l'inconnu génèrent chez elles des pics de stress difficiles à contrôler. Elles s'enferment alors, dans un cercle vicieux. Plus elles vivent de situations désagréables, plus le stress les envahit et conjointement, plus elles stressent, plus elles perdent leurs moyens !

De nos jours, le stress est devenu un **véritable fléau** qui engendre de nombreuses **inégalités** entre les individus. Les personnes sujettes au stress vont se montrer **moins compétitives**, que ce soit dans le monde du travail ou dans leur vie sociale. Pour s'éloigner délibérément des situations à risques, elles vont tout faire pour **se protéger** et éviter de **se démarquer**.

Leur réaction bien que légitime, engendre de la souffrance, de l'inquiétude et une perte significative d'estime !

D'où la nécessité d'aborder dans cette séance, certaines techniques de gestion du stress qui peuvent redorer votre estime de vous.

Nous ne pourrons pas réduire votre niveau de stress en une seule séance, mais nous allons analyser **les déclencheurs** de votre stress pour **stabiliser** votre confiance en vous, face à certaines situations.

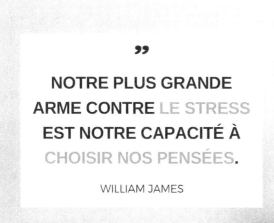

"

NOTRE PLUS GRANDE ARME CONTRE LE STRESS **EST NOTRE CAPACITÉ À** CHOISIR NOS PENSÉES.

WILLIAM JAMES

ÉVALUER SON
niveau de stress

Je constate régulièrement que les gens confondent les notions de stress et d'anxiété. Bien que ces termes se ressemblent, ils n'en demeurent pas moins très différents. Afin de pouvoir distinguer les contours de chaque **trouble**, je vous propose de vous plonger dans ce "**stressomètre**". En déplaçant le curseur de cette jauge, vous allez savoir si votre manque de confiance se manifeste suite à une inquiétude, une peur, un stress ou de l'anxiété.

| **01** | **02** | **03** | **04** |
| L'inquiétude | La peur | Le stress | L'anxiété |

1- L'inquiétude est un trouble causé par l'appréhension, l'incertitude. Des pensées préoccupantes et récurrentes nous envahissent quand nous pensons à l'avenir.
2- La peur est une émotion ressentie, face à un danger réel ou supposé. Il s'agit d'une réponse instinctive à une menace connue *(cf séance n°11)*.
3- Le stress est un ensemble de réactions physiques, physiologiques et émotionnelles face à une situation redoutée (agression, choc ou tâche à accomplir...) Tant qu'il reste ponctuel, le stress est un moteur, mais s'il perdure, il peut conduire à l'épuisement, à la fatigue ou à la dépression.
4- L'anxiété est une crainte diffuse, un stress permanent dont la cause est excessive ou injustifiée. Souvent bénigne, elle peut se transformer en trouble anxieux généralisé (nommé également TAG). Il s'agit d'une peur systématique de l'imprévu et de l'avenir.

LE CONSEIL
du jour

Prenez de la hauteur face aux évènements et maîtrisez vos pensées. N'oubliez pas que nos peurs n'ont que **la puissance** que nous leur accordons.

Comment fonctionne le stress ?

Le stress est un **mécanisme de régulation** qui nous permet de faire face à des situations difficiles, voire extrêmes.

Face à une situation inhabituelle : *une surcharge émotionnelle, un danger,* notre cerveau déclenche la sécrétion de différentes hormones.

Elles vont nous "doper" et nous permettre de devenir **temporairement** plus vigilant, résistant, fort, rapide et efficace. On parle alors de **stress positif**.

Cependant, si ces situations deviennent trop fréquentes, les sécrétions hormonales deviennent moins efficaces et notre organisme trop sollicité n'arrive plus à combattre. Ce **stress négatif** peut nous conduire à une grande fatigue, à l'épuisement ou à la dépression. Ce stress engendre lui-même une source de stress.

 Là où règne force intérieure et confiance en soi, disparaissent méfiance, peur et doute. ~ Dalaï Lama.

Comment identifier ces sources de stress ?

Toutes les situations qui provoquent un sentiment de mal-être peuvent devenir une source de stress. On nomme ces sources : **les agents stresseurs**.

Ils peuvent prendre diverses formes et leurs origines peuvent être multiples. En voici quelques-uns :

1- Stresseurs professionnels : chômage, surcharge de travail, problème relationnel avec son chef ou ses collègues, ambiance dégradée…

2- Stresseurs personnels : situation amoureuse difficile, séparation, divorce, célibat, déménagement, isolement social, pression familiale, décès d'un proche...

3- Stresseurs mentaux : croyances limitantes, blocages, faible estime de soi, complexe d'infériorité, dévalorisation, difficulté à prendre des décisions et à faire des choix...

4- Stresseurs émotionnels : émotions paralysantes, trac excessif, pensées dévastatrices...

5- Stresseurs physiologiques : problèmes de santé, manque de sommeil, problèmes psycho-somatiques...

Quelles sont les stratégies d'adaptation ?

Le meilleur moyen d'apprivoiser le stress est de **s'adapter** aux situations rencontrées. Il existe aujourd'hui **2 stratégies d'adaptation** très répandues qui portent le nom de "**coping**" *(mot anglais qui signifie "faire face à" quelque chose)* :

- Le coping axé sur le problème : il s'agit d'affronter directement la cause profonde d'un problème. C'est une technique que je qualifie de **pro-active**, car nous passons véritablement à l'action. Elle regroupe toutes les stratégies de résolution de problème.

Exemple : mieux gérer son temps, analyser les situations pour déterminer ce qui est de notre ressort ou non, échanger avec des personnes susceptibles de nous aider à minimiser le problème, booster sa productivité...

- Le coping axé sur l'émotion : cette approche consiste à modifier notre **réaction émotionnelle** face aux agents stresseurs. Elle est particulièrement utilisée quand une situation est hors de notre contrôle ou quand nous nous sentons dépassés par les évènements. Nous retrouvons ici toutes les stratégies permettant de réduire **les effets** du stress.

Exemple : l'activité physique, le journaling, la méditation, la relaxation, le rire, la respiration abdominale...

SECRET DE RÉUSSITE N°18

Il ne peut y avoir de réussite sans effort. Concentrez-vous sur vos objectifs et travaillez sans relâche.

Il est important de préciser que les sources du stress prennent naissance dans nos pensées. Le cerveau humain est une machine fantastique, capable de traiter des millions d'informations par jour. Cependant, il lui est difficile de distinguer l'imaginaire, de la réalité. Si nous sommes stressés, nous allons traiter toutes ces informations avec un filtre négatif et développer des pensées négatives. Notre cerveau va alors se brouiller et nous n'aurons plus les idées claires. Nous avons déjà abordé le concept de distorsion cognitive à la séance n° 09, mais il me semble important de faire une piqûre de rappel. Définit par le psychiatre américain Aaron T. Beck en 1967, le terme **distorsion cognitive** désigne "le fait de déformer le réel par une interprétation erronée de la réalité, conduisant ainsi le sujet à avoir des pensées négatives, qui elles-mêmes sont sources d'anxiété et de mal-être."

LA "THÉRAPIE PAR LA PENSÉE"
combattre les distorsions cognitives

Vous désirez réduire le stress engendré par votre manque d'estime ? Je vous propose ici d'étudier 6 distorsions cognitives et leurs solutions associées. N'hésitez pas à revenir sur cette fiche régulièrement. *À lire et à relire !*

La pensée "tout ou rien"

Définition : Dans votre esprit tout est blanc ou noir, bien ou mal.
Exemple : *"Je n'ai pas réussi mon entretien. Je suis un incapable."*
Recadrage : On ne peut pas réussir à tous les coups !
Contre-preuve : Lors d'un entretien, seul 1 candidat sur 10 est sélectionné.

Le blâme

Définition : Se blâmer dès qu'une chose tourne mal.
Exemple : *"Mon mari fait un burn-out. C'est de ma faute, je ne suis pas assez à son écoute."*
Recadrage : Le burn-out n'a rien à voir avec l'écoute.
Contre-preuve : C'est un état de fatigue intense lié au travail.

Les conclusions hâtives

Définition : Prédire que les choses vont mal se passer.
Exemple : *"C'est la loi des séries, je viens de perdre mon job. C'est sûr, Paul va me quitter."*
Recadrage : Chaque domaine de votre vie pro et perso est distinct.
Contre-preuve : Vous vivez une belle histoire avec Paul depuis 1 an...

La surgénéralisation

Définition : Si un homme m'a trompé. Ils vont tous faire pareil.
Exemple : *" Je n'ai plus confiance en personne. Tous les hommes trompent leur femme. "*
Recadrage : Chaque personne est différente et a ses propres valeurs.
Contre-preuve : Il existe des couples fidèles et heureux...

Le filtre mental

Définition : Se concentrer uniquement sur le négatif.
Exemple : *"J'ai fait une erreur dans mon rapport. Je ne pense qu'à ça."*
Recadrage : Une erreur ne peut être fatale. Nous en commettons tous.
Contre-preuve : Votre patron a toujours approuvé vos rapports.

Amplification du réel

Définition : Tout devient catastrophique ou dramatique.
Exemple : *"J'ai mal au ventre depuis 1 semaine. Je dois être très malade."*
Recadrage : Seul un examen médical pourra vous le confirmer.
Contre-preuve : Vous avez très souvent des problèmes digestifs !

La méthode STOP

Je vous invite aujourd'hui à tester une méthode simple qui permet de **surfer** sur des situations stressantes. En 3 minutes seulement, vous allez pouvoir vous déconnecter de ce qui vous pollue et retrouver le calme intérieur.

Voici comment pratiquer **la méthode "S.T.O.P"**

Cette technique, composée de quatre étapes, peut être utilisée à tout moment pour augmenter votre niveau d'énergie, réduire votre stress et booster votre confiance en vous. L'idée générale est de vous accorder un temps de pause, pour déterminer la meilleure attitude à adopter, face à un agent stresseur. Dans les jours et semaines à venir, j'aimerais que vous pratiquiez cette technique, dès que vous vous sentirez en situation de perte de confiance et/ou de stress.

- **S** comme **S**top : Dès que je me surprends en train de me blâmer, de m'autoflageller, de me sentir inférieur ou mal dans ma peau, j'arrête tout ce que je suis en train de faire.
- **T** pour **T**emporiser : Je prends le temps de respirer profondément, de ressentir mon souffle et de calmer mon mental. *L'objectif est de vous éloigner de vos pensées et émotions négatives afin de vous recentrer sur le moment présent.*
- **O** pour **O**bserver : J'observe ce qui se passe en moi, ce que je ressens dans mon corps (tensions) et dans mon esprit (émotions). J'accueille les émotions qui me traversent. *Demandez-vous ce qui vous rend vulnérable à ce moment précis, et pourquoi ?*
- **P** pour **P**rendre du recul : Je prends du recul face à la situation. J'analyse les agents stresseurs, mon comportement, mes réactions, avec bienveillance et sans jugement. *Est-ce que cela vaut la peine que vous vous mettiez dans cet état ? Certainement pas ! Trouvez des solutions curatives ou palliatives pour éviter que cette situation ne se reproduise.*

À partir d'aujourd'hui, dès que vous sentirez votre "stressomètre" s'affoler, je vous conseille d'utiliser cette technique. L'idéal est de réaliser cet exercice, dès les premiers symptômes de stress, afin de **créer de nouveaux circuits neuronaux** et d'ancrer cette routine dans votre quotidien. En mettant des mots sur vos réactions émotionnelles, vous allez progressivement apaiser vos doutes, calmer vos peurs et vos incertitudes.

Apprendre à viser l'excellence

Nous entamons dans cette séance, la dernière ligne droite de ce programme. Nous allons comprendre comment cultiver un "**Mindset**" *(état d'esprit)* de champion. Vous l'avez compris, pour booster votre confiance, il est nécessaire de renforcer votre mental.

Il est **le siège** de toutes vos décisions et de vos comportements. Il régule vos pensées, vos émotions, vos peurs et vous pousse à agir dans une direction ou une autre....

À ce titre, j'aimerais préciser que **la véritable confiance en soi** n'est pas inhérente à la **pensée positive** mais à la **preuve positive**. En effet, pour devenir confiant, il ne suffit pas de "penser" que nous pouvons réussir, il faut également s'être **prouvé** à soi-même, *à plusieurs reprises*, que l'on dispose de toutes les aptitudes nécessaires pour atteindre nos objectifs.

Afin d'illustrer au mieux mes propos, permettez-moi de comparer la confiance en soi à un compte en banque :

- Plus vous vivez d'expériences positives, plus vous apportez du **crédit** à votre compte et vous **renforcez** votre confiance.
- À contrario, plus vous vivez d'expériences négatives, plus votre compte est **débiteur** et votre confiance s'amenuise.

De fait, pour disposer d'un compte à **l'équilibre** et si possible excédentaire, il est donc nécessaire de multiplier **les expériences positives**.

"

LA VICTOIRE SUR SOI

EST LA PLUS

GRANDE

DES VICTOIRES !

PLATON

C'est pourquoi, nous pouvons considérer la pensée positive comme un **déclencheur**, mais seule une expérience positive, nous apporte **la preuve** que nous avons eu raison de croire en nous.

D'ailleurs, les personnes confiantes s'emploient généralement à **multiplier** les preuves de leurs performances. Elles disposent ainsi d'un réservoir de confiance qu'elles pourront utiliser au gré de leurs besoins. Il leur suffira simplement de se remémorer leurs succès passés, pour reprendre confiance en elles, en un claquement de doigts.

Au fil du temps, cette attitude pro-active leur permet de se forger **un mental d'acier** capable de résister à chaque tempête.

Mais, pour acquérir cette confiance à toute épreuve, il leur a fallu développer une puissance personnelle et prendre la décision de vivre une existence où chacune de leurs capacités est exploitée à son maximum.

Et nous allons voir dans cette séance, qu'il ne s'agit pas d'un défi si ambitieux...

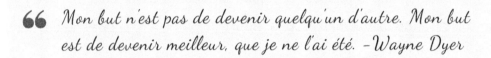

> **"** *Mon but n'est pas de devenir quelqu'un d'autre. Mon but est de devenir meilleur, que je ne l'ai été.* –Wayne Dyer

Viser l'excellence

Au cours de ma carrière de DRH et de coach, j'ai pu analyser de nombreux profils et parcours professionnels.

Très rapidement, je me suis intéressée aux facteurs de réussite.

Je désirais comprendre pourquoi, certains réussissent alors que d'autres n'arrivent pas à se démarquer et passent la majorité de leur existence à essayer de s'en sortir.

En côtoyant des athlètes, des dirigeants à succès, je me suis très vite rendue compte qu'ils étaient tous animés par un moteur interne : **Ils visaient l'excellence**. Leurs objectifs n'étaient pas uniquement de "réussir". Ils voulaient **améliorer leurs performances personnelles**, pour devenir **expert** dans leur domaine de prédilection et se sentir pleinement confiants.

Qu'ils soient diplômés ou autodidactes, ils s'étaient tous inscrits dans un **processus d'amélioration continue** et ressentaient le désir ardent de vouloir progresser, coûte que coûte.

Contrairement aux idées reçues, devenir expert n'est pas réservé à une élite ou aux intellectuels. **Nous avons tous la capacité d'exceller** dans un domaine. Il suffit juste d'identifier ce qui nous passionne vraiment, puis de **s'entraîner chaque jour**, pour pouvoir déplacer le curseur sur la marche supérieure.

Cela vous semble difficile ? Détrompez-vous, vous en êtes capable. Souvenez-vous du jour où vous avez appris à faire du vélo. Vous aviez peur de tomber et manquiez de confiance.

Mais à force de répétitions, vous avez fini par trouver l'équilibre et **maîtriser** cette discipline. Et c'est, cette maîtrise qui vous a donné confiance, au point de pouvoir très rapidement faire des zigzags et parcourir des kilomètres, sans crainte.

Nous avons la chance aujourd'hui, d'accéder à de nombreuse sources d'informations. Nous pouvons nous former, lire des ouvrages de référence, participer à des séminaires en ligne... La connaissance est à notre portée !

Sachant que vous disposez de **1440 minutes** dans une journée, il ne tient qu'à vous de définir des "**créneaux d'excellence**" pour travailler sur votre développement personnel et professionnel.

Quand nous faisons du sport, nous allons à la salle plus d'une fois par semaine. Il en est de même pour renforcer n'importe quelle compétence. C'est **la répétition quotidienne et intentionnelle**, qui vous permettra de reprendre confiance en vous. **Veillez cependant à vous inscrire dans une quête du progrès et non de perfection** !

SECRET DE RÉUSSITE N°19

Peu importe votre point de départ, ce qui compte, c'est
la personne que vous êtes en train de devenir.

Chaque jour, nous sommes confrontés à des situations qui peuvent freiner notre croissance. Une contrariété, une mauvaise nouvelle, peuvent rapidement nous ramener dans notre zone de confort !

Pour éviter ce piège, et conserver notre niveau de confiance, nous devons :

- **définir** ce que nous souhaitons améliorer dans notre vie,
- prendre la **décision** d'agir,
- avoir une **direction** claire vers laquelle nous désirons aller,
- faire preuve de **détermination** et de **discipline** pour poursuivre nos efforts.

LES 5 "D"
de la confiance

5 FACTEURS
clés de succès

Pour atteindre un niveau de confiance optimal et le conserver à son apogée, il convient de travailler sur les 5 D de la confiance en soi :

Décision

En suivant ce coaching, vous avez pris **la décision** de vous sublimer, de faire rejaillir votre potentiel.

Vous avez fait le choix de changer, de reprendre votre vie en main et de passer à l'action. Cette décision capitale vous a permis d'initier le changement que vous désiriez voir dans votre vie. Mais qu'en est-il aujourd'hui ?

Définition

Pour vous aider dans votre réflexion, je vous invite à **définir** ce que vous désirez améliorer à cette étape du programme : Quelles sont vos attentes ? Désirez-vous redorer votre image ? Ressentez-vous le besoin de vous affirmer ? Souhaitez-vous améliorer votre langage non verbal ? Quels seront les bénéfices pour vous et votre entourage ?

Reprenez les séances précédentes et demandez-vous quelles sont vos priorités.

Direction

Au risque de me répéter, avoir une direction claire de notre destination "idéale", est indispensable.

C'est pourquoi, je vous conseille de faire le point sur la direction que vous avez choisie d'emprunter.

Vous réveillez-vous, en sachant précisément quelles actions mener pour vous sentir pleinement confiant ? Êtes-vous dans la bonne direction ?

Détermination

Pour devenir la personne confiante que vous rêvez d'être, vous devez faire preuve de détermination au quotidien. Vous devez respirer, vivre, vibrer, dans le seul but de développer votre confiance en vous.

Est-ce votre cas ?

Sortez-vous régulièrement de votre zone de confort ? Faites-vous les efforts nécessaires pour vous dépasser ? Êtes-vous au summum de vos capacités ?

Discipline

La discipline est VITALE pour atteindre le niveau de confiance que vous vous êtes fixé.

À ce sujet, avez-vous pris de nouvelles habitudes ? Fournissez-vous les efforts nécessaires pour les ancrer dans votre quotidien ?

Témoignage "Erwan et Clément"

Dédicace spéciale à Erwan et Clément, les créateurs de l'entreprise **editersonlivre.com**. Vous devez très certainement connaître leur chaine Youtube qui offre des conseils et des formations clés en main, aux auteurs auto-édités.

Ces 2 entrepreneurs talentueux, sont extrêmement à l'aise devant la caméra et confiants. Et pourtant, il n'en a pas toujours été ainsi.

Plus jeunes, Erwan et Clément étaient des enfants très réservés. Ils ont dû dépasser leurs blocages, sortir de leur zone de confort pour pouvoir libérer leur plein potentiel et devenir ces deux hommes pleins d'assurance que je connais aujourd'hui ! À mes yeux, leur évolution personnelle est la preuve que chacun d'entre nous peut développer son capital confiance !

Revenons sur leur parcours, riche d'enseignements.

Erwan était un garçon plutôt timide. Jusqu'à ses 18 ans, il lui était difficile d'entretenir une conversation avec une personne qui l'impressionnait. Dès qu'il devait prendre la parole en public, il était paralysé par le stress.

Au démarrage de sa carrière d'entrepreneur, il a souffert du **syndrome de l'imposteur** *(cf séance n°9)*, comme beaucoup d'entre nous d'ailleurs. Mais ce fut de courte durée, car il a su renforcer son mental et reprendre confiance en lui, très rapidement.

Plus tard, alors qu'il décide de créer avec Clément, leur chaine Youtube, il est à nouveau pris de panique. Stressé par la peur d'être critiqué et d'être jugé par le regard des autres, Erwan perd ses moyens lors de l'enregistrement de sa première vidéo. Mais là encore, après ce grand saut dans l'inconnu, il fait preuve de combativité et s'entraine jour après jour, jusqu'à devenir un excellent orateur ! Pour tout vous avouer, quand j'ai découvert leur chaine, j'étais loin d'imaginer qu'Erwan ait pu un jour être mal à l'aise devant la caméra, tant son langage corporel et son discours témoignent d'une grande assurance !

Les 3 conseils d'Erwan, pour booster sa confiance :
1- Votre entourage détermine en partie la confiance que vous avez en vous.
2- Nous avons tendance à exagérer nos insécurités. En travaillant sur notre mental, nous pouvons dépasser nos blocages.
3- Si la confiance peut être innée chez certains, chez d'autres elle se crée à force de répétitions et d'entraînements.

Le parcours de Clément est différent mais tout aussi spectaculaire.

Clément a été éduqué dans une famille où il ne fallait pas faire de vagues, ni se faire remarquer. Alors qu'il était de nature réservé, les circonstances de la vie, l'ont conduit très jeune à développer une forte confiance en lui.

La carrière de son père l'a amené à déménager tous les 2 ans. Il a donc dû s'adapter à son nouvel environnement et sortir de sa zone de confort en permanence, pour se nouer de nouvelles amitiés.

Son adaptabilité est devenue une force, au point de devenir un véritable moteur.

À l'âge de 14 ans, Clément est un jeune homme très confiant, il se lance le défi de créer sa première chaîne Youtube et ne ressent aucune gène particulière devant la caméra. Il est animé par le désir de partager ses passions et ses convictions avec le monde et ne se préoccupe pas de ce que les gens pensent de lui.

Quand vous êtes influenceur, il n'est pas toujours évident de supporter les critiques. C'est pourquoi, je lui ai demandé comment il arrivait à gérer émotionnellement les commentaires négatifs des "haters". Sa réponse ne m'a pas étonné : " Les commentaires négatifs sont justement un très bon moyen de devenir plus confiant. Certains les prennent très mal et se referment sur eux-mêmes, mais pour ma part, cela me motive à faire mieux et à tout mettre en oeuvre pour les contredire."

Comme l'illustrent ces 2 témoignages, Erwan et Clément, du haut de leur 27 ans ont cultivé un état d'esprit positif et conquérant qui leur permet aujourd'hui de viser l'excellence.

Ayant développé une saine confiance en eux, *en se prouvant à plusieurs reprises qu'ils pouvaient réussir*, ils ont su faire émerger leurs talents.

Ils sont aujourd'hui auteurs Best-sellers sur Amazon. Ils ont fondé une entreprise de coaching qui accompagne les auteurs dans l'auto-édition.

Et ce n'est, j'en suis sure, que le début d'une grande aventure !

J'espère que ce témoignage sera une source d'inspiration pour vous. Car nous venons de le voir, **chaque petite chenille a le pouvoir de se transformer et de devenir un magnifique papillon**.

Si vous perdez vos moyens au contact d'autrui, rappelez-vous qu'Erwan éprouvait des difficultés à prendre la parole en public et qu'il est aujourd'hui un excellent communiquant. Il suffit juste de s'entraîner...

Alors, partez vous aussi dès aujourd'hui, à la conquête de vos rêves les plus fous !

La marelle de la confiance

Quoi de plus amusant que de replonger en enfance et de redécouvrir le jeu de la marelle. Souvenez-vous, l'objectif est de gravir chaque étape, de la terre jusqu'au ciel. Et vous justement, où en êtes vous de votre ascension ?

Pour faire le point sur votre progression, reprenez les 5 D de la confiance *(page 137)*. *Pour développer votre confiance, ne cherchez pas à prendre l'ascenseur, prenez plaisir à monter, une à une, les marches de l'escalier.*

Ciel : Confiance

05 Discipline

Avez-vous mis en place de nouvelles habitudes ? Les suivez-vous scrupuleusement ?

04 Détermination

Faites-vous tous les efforts nécessaires pour booster votre confiance en vous ?

03 Direction

Suivez-vous des objectifs et une direction claire ?

02 Définition

Vos attentes ont-elles évolué depuis le début du coaching ?

01 Décision

Avez-vous modifié votre mode de vie et opéré de réels changements ?

Terre

Confiant le restant de sa vie

Vous devez déjà ressentir les résultats du programme et vous sentir au fil des jours, de plus en plus confiant.

J'aimerais tellement pouvoir célébrer cette étape à vos côtés. *Pour celles et ceux qui le désirent, n'hésitez pas à m'envoyer un message par email ou sur les réseaux pour partager votre progression avec moi ;)*

Vous le savez aujourd'hui, pour maintenir votre niveau de confiance au summum, il est essentiel que vous preniez soin de la personne la plus précieuse dans ce monde : VOUS.

Vous devez prendre soin de **votre mental** : *en maitrisant votre stress, en vous affirmant...* mais aussi de **votre physique** : *en vous sublimant au quotidien.*
D'ailleurs, ne dit-on pas : "Qui veut voyager loin, ménage sa monture ?"

Vous seul pouvez décider d'avancer ou de stagner, de progresser ou de régresser. **Vous êtes le commandant de bord de votre vie**... alors, ne laissez jamais personne entraver votre voyage.

> **Secret de réussite n°20 : N'ayez aucune limite** ! Vous le savez au fond de vous : "Tout est possible, si on s'en donne les moyens".
> Accordez-vous la chance de vivre la vie que vous méritez, dès aujourd'hui. Rêvez grand. Visez la lune. Vibrez intensément !

"

CE QUI COMPTE DANS L'EFFORT, C'EST AVANT TOUT L'ACTION, PLUTOT QUE LE RÉSULTAT.

BEETHOVEN

L'essentiel de la semaine

Pour que votre coaching soit une pleine réussite, prenez le temps de travailler sur chacun des thèmes abordés cette semaine et ne lâchez rien, tant que les résultats ne sont pas au RDV.

01 Avoir confiance, c'est faire preuve de **résilience**.
Concentrez-vous sur le positif pour rebondir devant l'adversité.

02 Pour être confiant, il est capital de renforcer votre mental.
Ne vous trouvez plus d'excuses et cultivez un état d'esprit de "gagnant" au quotidien !

03 La véritable confiance en soi, n'est pas inhérente à la "**pensée positive**" mais à la "**preuve positive**".

04 Nos habitudes nous définissent. Elles conditionnent notre vie.
Si vous désirez changer, veillez à adopter des routines qui favorisent votre "bien-être".

05 Entrainez-vous à vous affirmer en toute circonstance.
Rappelez-vous que dire NON aux autres, c'est d'abord vous dire OUI à vous !

06 Notre langage non-verbal représente 93 % de notre communication. Utilisez-le à votre avantage et décryptez les intentions de vos interlocuteurs.

07 Si votre stress entache votre confiance en vous, prenez du recul avec la méthode STOP ...

Relisez régulièrement les synthèses de la semaine, afin de travailler sur les points qu'il vous reste encore à améliorer. Poursuivez vos efforts jusqu'à vous sentir pleinement confiant !

À retenir

| CONFIANCE EN SOI | MANQUE DE CONFIANCE |

Je prends de bonnes habitudes.

J'adopte des habitudes qui me permettent d'être pleinement confiant.

Je suis piégé par mes habitudes.

Je n'ai pas conscience que j'adopte de mauvaises habitudes.

Je sais comment communiquer.

Je me sers de mon langage corporel pour convaincre mes interlocuteurs.

Mon attitude trahit mon malaise.

Ma voix, ma gestuelle trahissent mon manque de confiance en moi.

J'ose m'affirmer.

Je n'ai pas peur de dire non aux sollicitations qui me déplaisent.

Je n'ose jamais dire non.

Je n'arrive pas à m'affirmer par peur du rejet.

Je maîtrise mon stress.

Je connais mes limites. J'utilise des techniques pour gérer mon stress.

Je suis submergé par le stress.

Le stress renforce mon sentiment d'infériorité et mon manque d'estime.

Je vise l'excellence.

Je capitalise sur mes forces et m'améliore en permanence.

J'ai peur d'évoluer.

J'ai peur du changement. Je préfère rester dans ma zone de confort.

POUR ALLER PLUS LOIN
mes routines "confiance"

Il existe aujourd'hui de nombreuses méthodes mises à notre disposition pour nous améliorer, devenir plus serein.
Il suffit pour cela, de rester connecté avec les nouvelles tendances en matière de développement personnel. Soyez curieux et gardez à l'esprit que **le Savoir donne le pouvoir** !

JE DÉCOUVRE LE "MORNING MIRACLE"

Le "Morning Miracle" est une méthode de développement personnel créée par Hal Elrold. Elle consiste à se lever une heure plus tôt chaque jour, pour prendre du temps pour soi et réaliser 6 exercices appelés S.A.V.E.R.S : Silence, Affirmation, Visualisation, Exercice, Ecriture, Lecture. Les bénéfices de ce programme matinal sont nombreux : mieux-être, sérénité...

JE VISIONNE DES VIDÉOS DE SOPHROLOGIE

La sophrologie est un apprentissage, une découverte et une prise de conscience de soi. Elle permet d'activer un sentiment de bien-être au niveau mental et physique. Elle favorise l'acceptation de soi, de son corps et de son image. Grâce à des exercices de relaxation et de visualisation, vous vous reconnectez avec vous-même et boostez votre confiance. *Vidéos à visionner sur Youtube...*

JE DEVIENS ADEPTE DE LA MÉTHODE COUÉ

Émile Coué est un des pères de la pensée positive et du développement personnel. Ce pharmacien français, prend conscience du pouvoir de l'autosuggestion sur le bien-être de ses patients. Il leur propose alors, de répéter ce mantra : "Tous les jours et à tout point de vue, je vais de mieux en mieux." Les résultats sont au RDV et la méthode Coué se répand à travers le monde... *À tester !*

Mes affirmations

Les affirmations positives nécessitent une pratique régulière. C'est pourquoi, je désire vous donner **les dernières clés** pour créer des mantras qui vous accompagneront le restant de votre vie. Vos affirmations doivent :
- commencer par : "je suis, je veux, je suis capable",
- définir ce que vous désirez avoir, faire ou être,
- être formulées de manière positive (pas de négation ou de "non"),
- être associées à une émotion ou une visualisation créative,
- être claires, concises et impactantes.

JE CROIS EN
MOI ET EN MON
POUVOIR.

JE SAIS QUE TOUT
EST POSSIBLE.
JE DOIS JUSTE OSER
ET AVANCER.

JE M'AUTORISE À
DIRE "NON", DÈS QUE
J'EN RESSENS LE
BESOIN.

JE RAYONNE
ET ME SENS LIBRE
D'ÊTRE MOI, EN
TOUTE SIMPLICITÉ.

JE ME FÉLICITE TOUS
LES JOURS D'ÊTRE
UNE BELLE
PERSONNE.

À COMPTER DE CE
JOUR, JE
M'AUTORISE À ÊTRE
ENFIN MOI.

 **MES AFFIRMATIONS**

Ma trousse "antidote"

Avant que votre programme ne se termine, j'aimerais partager avec vous, une méthode que j'utilise depuis plus de 25 ans, pour ne pas perdre mes moyens face à des personnalités intimidantes ou des situations délicates. Car même si aujourd'hui, je sais maitriser mon mental, il peut encore m'arriver d'avoir des moments de doute et de me montrer hypersensible. Dans ce cas, je sors **ma trousse** "**antidote**" pour arrêter de me morfondre et passer rapidement à autre chose.

Cette trousse me permet de visualiser en un clin d'oeil, toutes les solutions qui s'offrent à moi, devant chaque problème que j'ai l'habitude de rencontrer. Elle agit en quelque sorte comme **un antidote** face à **un poison**.

Je vous conseille vivement de créer votre trousse afin de vous sentir plus confiant face aux tracas du quotidien.

Pour la réaliser, listez l'ensemble des situations qui vous mettent mal à l'aise et vous font perdre confiance en vous...

En face de chaque situation "**poison**", indiquez votre "**antidote**". Il s'agit d'une phrase réconfortante ou d'un conseil qui vous permettra de vous détendre et de stopper net votre mal-être.

Pour vous aider dans votre réflexion, voici quelques exemples :

Situation "poison"		*Mon "antidote"*
On me critique sur mon apparence car...	>	Je ne peux pas plaire à tout le monde et c'est très bien ainsi.
J'ai le trac à chaque fois que...	>	Je me prépare avant chaque intervention orale et je sais que je fais de mon mieux.
Je perds mes moyens devant...	>	Je me rappelle que cette personne n'est ni supérieure, ni meilleure que moi !
Je rougis à chaque fois que...	>	Je me conditionne mentalement pour rester imperméable aux critiques.
Je me sens mal / nul à chaque fois que...	>	Je sais que je ne suis pas parfait mais je m'améliore de jour en jour.

Votre journal de coaching

Focus motivation

La fin de votre coaching signe **le début de votre nouvelle vie**, pleine d'assurance et de confiance en vous. Mais ce n'est qu'un premier pas... Nous l'avons expérimenté, tout au long de ce programme : la confiance en soi est **une aptitude** qu'il faut consolider, jour après jour. Alors, ne vous arrêtez pas en si bon chemin ! Prenez soin de renforcer votre mental, de cultiver l'optimisme au quotidien. Gardez ce guide sur votre table de chevet et poursuivez vos efforts autant que nécessaire.

À savoir

Si vous désirez vous sentir capable d'affronter toutes les situations sans perdre confiance en vous, rien de plus simple.

Il vous suffit de reprendre les exercices que vous n'avez pas encore finalisés pour y puiser de nouvelles connaissances.

Si vous avez pris des notes ou surligné certains passages, c'est le moment de faire une fiche récapitulative pour ne rien oublier !

Secret de réussite n°21 : Votre vie est **le reflet** de vos croyances... Alors, ne cessez jamais de **croire en vous** et de **poursuivre vos rêves**...

QUESTION réponse

Comment faire si je perds confiance ?

Si vous n'arrivez pas à surmonter une critique ou perdez à nouveau vos moyens, surtout ne vous effondrez pas. L'essentiel est de réagir vite et de passer à l'action. Prenez soin de relire les séances qui vous ont aidées à grandir et refaites les exercices associés. Vous disposez de tous les outils pour relever de nombreux défis. Alors gardez le cap !

C'est l'heure du bilan

Il est l'heure de faire le bilan de votre coaching et d'évaluer votre niveau de confiance. Pour ce faire, je vous propose de répondre en un premier temps à ces questions. Vous pouvez également refaire le test que vous aviez réalisé lors de la séance n°1 *(p.13)*, afin d'analyser **l'étendu de vos progrès**.

01 Comment vous sentez-vous à la fin de ce programme ?

02 Vous sentez-vous plus fort mentalement ?

03 Avez-vous commencé à vous affirmer ?

04 Faites-vous preuve de discipline et de détermination ?

05 Vous êtes-vous libéré de vos blocages ?

06 Vous sentez-vous capable d'apprivoiser votre stress ?

07 Avez-vous travaillé sur votre posture et votre gestuelle ?

08 Quels sont vos plus grands progrès ?

09 De quoi êtes-vous le plus fier ?

10 Avez-vous plus d'assurance aujourd'hui ?

Mon bilan

📅 **DATE DU JOUR**

🎖️ **MES 3 VICTOIRES**

_____

_____

❤️ **CE QUE J'AI RETENU**

_____

_____

_____

_____

⭐ **MON NIVEAU DE CONFIANCE**

☆ ☆ ☆ ☆ ☆

_____

💡 **MES AXES DE PROGRÈS**

_____

_____

_____

_____

_____

✏️ **MON JOURNALING**

Notez les joies, les difficultés rencontrées dans votre coaching cette semaine.

Mes objectifs

Je vous propose de planifier ici, les objectifs et les actions qu'il vous reste à accomplir dans les prochaines semaines, pour vous sentir plus sûr de vous. N'oubliez pas de faire le point régulièrement sur votre avancée et d'ajuster vos objectifs, si besoin.

MES 3 OBJECTIFS PRIORITAIRES

01

02

03

MON PLAN D'ACTION

Mes challenges de la semaine

Pour notre dernier exercice, j'ai augmenté volontairement le niveau de difficulté des challenges à relever car je sais que vous disposez à présent, de tous les outils pour vous dépasser.

Croyez en vous et allez conquérir le monde !

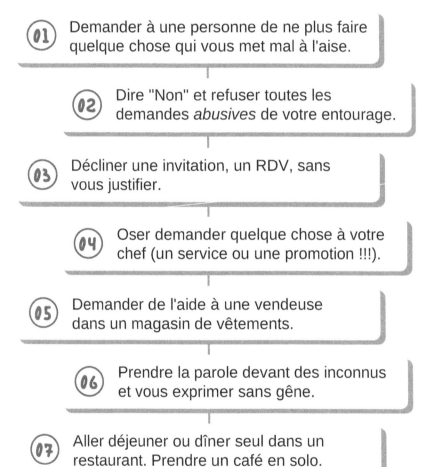

01 Demander à une personne de ne plus faire quelque chose qui vous met mal à l'aise.

02 Dire "Non" et refuser toutes les demandes *abusives* de votre entourage.

03 Décliner une invitation, un RDV, sans vous justifier.

04 Oser demander quelque chose à votre chef (un service ou une promotion !!!).

05 Demander de l'aide à une vendeuse dans un magasin de vêtements.

06 Prendre la parole devant des inconnus et vous exprimer sans gêne.

07 Aller déjeuner ou dîner seul dans un restaurant. Prendre un café en solo.

Mes progrès

Prolongez votre croissance à mes côtés

La fin de ce programme signe **le début d'une nouvelle aventure** ! Vous disposez aujourd'hui de toutes les clés pour vous épanouir et être pleinement confiant. En lisant cet ouvrage, vous vous êtes offert **le plus précieux des cadeaux** car aujourd'hui vous savez que rien, ni personne ne pourra vous arrêter pour atteindre vos objectifs.

Vous avez emprunté le chemin de la **liberté intérieure** et vous pouvez être extrêmement fier de vous. Vous l'avez compris, seule l'action peut vous permettre de **transformer vos rêves en réalité** !

Pour renforcer votre confiance, vous devez OSER faire de nouvelles choses chaque jour : oser faire le premier pas vers un inconnu, oser porter des vêtements colorés, oser vivre selon vos envies.

À cet effet, j'aimerais que vous m'accordiez une petite faveur. Lancez-vous des challenges et venez partager vos succès auprès de ma communauté. Gardez à l'esprit que **la vie est un jeu**, alors amusez-vous. Cessez d'avoir peur de votre ombre et mettez-vous en lumière.

Il est temps de libérer vos **super-pouvoirs** et de prouver au monde que **vous êtes une personne fantastique**. Si vous ne le faites pas pour vous, faites le pour moi !

Pour développer une confiance sans limite et devenir inarrêtable, il est indispensable d'assimiler tous les concepts que nous avons vus pendant ces 21 jours et de poursuivre votre travail de développement personnel en continuant à investir sur vous. Nous avons amorcé ensemble, le point de départ de votre changement. Il est temps à présent de voler de vos propres ailes, pour terminer **votre magnifique métamorphose** !

Vous désirez aller plus loin ?

J'anime régulièrement des Webconférences sur la confiance en soi. Je propose également **des coachings personnalisés en ligne** et des programmes vidéos, pour vous aider à libérer votre potentiel.

Pour celles et ceux qui souhaiteraient obtenir plus d'informations, je vous invite à m'écrire **info@chantallabeste.com** ou à visiter mon site internet : **www.chantallabeste.com**

Que faire après ces 21 jours ?

Nous avons abordé de nombreux concepts tout au long de ce coaching. Je sais d'expérience que certains d'entre vous auront besoin de consolider leurs connaissances.

Pour que vous puissiez renforcer votre capital confiance, vous avez besoin d'enraciner votre savoir. Je vous encourage vivement à refaire les exercices que vous avez survolés, pour mettre en application l'ensemble des principes de cette méthode.

Selon des études, seulement 10% des lecteurs lisent un livre dans sa globalité. Si vous êtes parvenu à la fin de cet ouvrage, c'est parce que vous avez en vous, ce désir ardent de vous améliorer et de devenir la meilleure version de vous-même. Je vous en félicite.

Si vous désirez découvrir des citations inspirantes, des conseils pour booster votre motivation, **je vous invite à rejoindre ma communauté, sur les réseaux sociaux** : Instagram, Facebook, Linkedin...

Si vous avez besoin d'un conseil particulier, n'hésitez pas à prendre contact avec moi. Je m'engage à vous répondre dans les 72h.

Qu'avez-vous pensé de ce livre ?

En tant que lecteur avisé, vous êtes aujourd'hui **un ambassadeur**.
Si vous avez aimé ce livre, n'hésitez pas à en parler autour de vous.
Un livre n'existe et n'a de visibilité que lorsqu'il se partage.

J'aimerais maintenant avoir **votre avis sincère** sur ce guide.
Vos retours sont très importants à mes yeux. Je vous serais extrêmement reconnaissante de bien vouloir publier un bref commentaire sur Amazon.
Cela m'aide énormément.
Je lis personnellement tous les avis afin de pouvoir enrichir et actualiser cet ouvrage. Merci encore pour votre soutien !

La vie est sensationnelle. Elle est faite de nouvelles rencontres et de belles surprises. Alors, j'espère vous retrouver prochainement lors d'un salon, d'un séminaire ou d'une Webconférence, pour partager avec vous de nouvelles connaissances sur le développement personnel.

Je vous souhaite, du fond du cœur, tout le bonheur et le succès que vous méritez...

Du même auteur

Changer sa vie en 21 jours

Rêvez-vous d'une vie meilleure ?
Votre vie est-elle à la hauteur de vos
attentes ? Êtes-vous pleinement épanoui
dans votre sphère personnelle et
professionnelle ?

Vous subissez chaque jour, le cercle
infernal métro-boulot-dodo, sans voir
d'issue possible.

Vous ne vous sentez pas à votre place
dans votre job et vous ressentez un mal-
être général.

Vous vous levez chaque matin avec la
boule au ventre, mais vous ne savez pas
comment réenchanter votre quotidien.

Si vous ressentez aujourd'hui, ce désir profond de tout changer, c'est parce
que vous vivez la vie de quelqu'un d'autre.

Vous avez permis à vos proches d'influencer vos choix et de vous orienter
vers une destination, qui n'est pas la vôtre.

Si tel est votre cas, pas de panique, il n'est jamais trop tard pour changer et
vivre une vie Extra-ordinaire.

Chaque jour recèle un trésor à découvrir. Vous trouverez dans ce programme
de 21 jours, des conseils, des témoignages, des quizz et des exercices
guidés, conçus pour vous envoler vers la destination de vos rêves.

Au programme :

✪ Se libérer de ses peurs, de ses croyances limitantes et du stress.
✪ Apprendre à s'aimer.
✪ Cultiver le bonheur et la bienveillance.
✪ Changer ses habitudes.
✪ Reprogrammer son cerveau sur la réussite.
✪ Équilibrer sa vie, se sentir heureux.
✪ Renforcer sa confiance et son estime de soi.
✪ Définir une stratégie gagnante et bien plus encore !

Si vous désirez changer en profondeur et reprendre votre vie en main, venez
découvrir mon **Best-seller** sur Amazon : "**Changer sa vie en 21 jours**".

Remerciements

Je dédie ce livre à mes enfants, Crystal et Terrence, les trésors de ma vie. Je n'ai pas les mots pour vous dire à quel point je vous aime.

Un grand merci à mes amies Cricri et Lili qui sont mes plus grandes supportrices. Vous avez toujours le mot juste pour m'encourager dans mes écrits. Vous êtes mes petites plumes. Je remercie du fond du cœur Alexia, Anna, Christine, Evy, Faty & Djam, Jen, Nat, Rachel, Stéphanie, Soraya. Vous êtes mes amies pour la vie. Je suis si reconnaissante de vous avoir à mes côtés. Vous êtes mes anges gardiens.

Un immense merci à ma famille que j'aime si tendrement. Maman & Christian, Betty, Caro, Céline, Fleur, Patou, Pascale... merci pour votre amour et votre bienveillance.

Je remercie tous mes proches qui sont présents dans mon cœur depuis si longtemps : Amandine, Annick, Ben, Caro, Coco, Cyril, Emilie, Enzo, Erwan, Fabrice, Fred, Inès, Isa, Jean, Jean-Ba, Jennifer, Jenny, Joelle & Lily, Joseph, Julien, Katia, Ludo, Lydie, Lionel, Marine, Maya, Mel, Olive, Sabrina, Sandra & Mike, Stéphane, Stéphanie, Silvia, Sonia, Sylvie, Thierry, Vincent, Xavier... Vous êtes mes repères et je suis si fière de vous avoir dans ma vie.

Grâce à mon précédent livre, j'ai eu le privilège de faire de merveilleuses rencontres et je suis si heureuse de remercier mes lecteurs et mes partenaires : Anaïs, Angèle, Arkellana, Audrey, Carla, Carlita, Caro, Chacha, Claude, Clotilde, Christophe, Déjanire, Émilie, Erwan & Clément, Éva, Fatoumata, Fleur, Franssou, Fred, Ivette, Julie, June, Laetitia, Lilly, Lelia, Léo, Lucie, Marie-Ève, Magalie, Matéo, Nagihan, Nathalie, Natou, Nàt, Océane, Paula, Philippe, Remondo, Sandrouska, Sarrah, Stéphanie, Sofianna, Stan, Suzanne, Tiffany, Valérie, Yvette, Yumi... Vous illuminez mon existence.

Merci beaucoup Frédéric d'être mon guide et mon roc depuis de si longues années. Ton soutien est inestimable.

Merci à vous, cher lecteur, de m'avoir accordé votre confiance. Dans la vie, nous ne sommes rien sans l'aide précieuse des autres. J'aimerais vous exprimer mon immense gratitude. Je vous remercie d'avoir partagé ce temps de lecture à mes côtés.

Je vous souhaite le meilleur !